Willi Buchwald

Als Evangelist unterwegs

Erlebnisse und Erfahrungen im evangelistischen Dienst

BRENDOW VERLAG

ISBN 3 87067 109 2

TELOS-Taschenbuch Nr. 265

Titelgestaltung: Anselm Schönfeld
Printed in Germany

Inhalt

Ein »frommer« Hund?

Während der Evangelisation in einer österreichischen Großstadt begrüßte mich an jedem Abend auch eine ältere Dame. Sie kam nicht allein, sondern brachte immer ihren Hund zu den Veranstaltungen mit. Auch zwischen ihm und mir gab es dann jedesmal eine freundliche Begrüßung. Wenn Frauchen mir die Hand reichte, sprang er an mir hoch und gab artig Pfötchen.

Die ältere Dame saß immer in der ersten Reihe, der Hund zu ihren Füßen. Beide verfolgten die Veranstaltung auf ihre Weise aufmerksam.

Wenn wir uns zum Beten erhoben, dann schaute das Tier auf Frauchen und stand ebenfalls auf. Wenn wir wieder Platz nahmen, setzte sich auch der Hund. Zweifellos war er gut erzogen, und er hatte es gelernt, sich seiner Umgebung und ihren formalen Anforderungen anzupassen.

An den ersten Abenden habe ich über den munteren Burschen gelacht. Ich fand ihn drollig und hatte meinen Spaß an ihm. Aber je länger ich ihn beobachtete, um so nachdenklicher wurde ich. Die Verhaltensweise des Hundes brachte mich auf eine Parallele. Sie erinnerte mich an Menschen, die sich zwar religiös, ja christlich geben, die letztlich aber doch keine Christen sind. Sie passen sich an, gebrauchen ein gewisses frommes Vokabular und halten auf kirchliche oder freikirchliche Tradition. Sie stehen auf und setzen sich wie die anderen, aber damit ist ihr christliches Engagement erschöpft; danach kommt nichts mehr. Was ihrem Menschsein den Stempel der neuen Kreatur aufdrücken müßte, das fehlt.

Nun ist der scheinbar fromme Hund kein armer Hund. Genüßlich schnappt er die Fleischbrocken aus seinem Futternapf und jagt kläffend und jaulend hinter der

Katze her. – Der nur scheinbar fromme Mensch dagegen ist im Grunde ein armer Kerl, denn das entscheidende Erlebnis frohmachender Frömmigkeit fehlt ihm: die Gemeinschaft mit Jesus Christus, die Gewißheit, daß ihm alle Schuld vergeben ist, und daß in ihm eine neue Art von Leben begonnen hat, die niemals mehr aufhört. Das alles bekommt man eben nicht, wenn man lediglich mit den anderen Christen aufsteht und sich wieder hinsetzt. Man erhält es überhaupt nicht als Lohn für die Beachtung irgendeines Frömmigkeitsstils, sondern einzig und allein durch die Hinwendung zu Jesus Christus.

»Ein ganz normaler Mensch«

Sie standen an der Autobahnauffahrt und winkten: der junge Mann und das Mädchen, denen man ansah, daß sie Studenten waren. Ich befand mich auf dem Weg zu einer Evangelisationswoche in Süddeutschland und hatte, um mein Tagesziel zu erreichen, jene bewußte Stunde Spielraum eingeplant, die aus einer Hetzjagd eine Reise macht, bei der man nicht nur vorbeihuschende Bäume, sondern die Schönheit der Landschaft wahrnimmt und Zeit zu einer Begegnung hat.

Also hielt ich an und nahm die beiden mit. Als der Wagen ruhig auf der Autobahn dahinrollte und die beiden es sich bequem gemacht hatten, kamen wir schnell in ein reges Gespräch. Das Wetter war freundlich, die Atmosphäre ungezwungen – kein Grund demnach, meinen Humor im Kofferraum verschlossen zu halten. Einige scherzhafte Bemerkungen veranlaßten meine beiden Mitfahrer zu schallendem Gelächter.

Auf einmal fragte mich dann einer von den beiden: »Sagen Sie mal, welchen Beruf haben Sie eigentlich?«

Ich ließ sie erst einmal raten, und sie nannten alle möglichen Berufe.

Dann kamen sie der Sache näher. »Geschäftsmann?« fragten sie.

»Nein.«

»Vertreter?«

»Ja, aber für welche Sache?«

Nun, sie kamen natürlich nicht darauf, was ich wirklich bin, und zu guter Letzt rückte ich mit der Sprache heraus: »Ich bin Evangelist.«

Durch frühere Erfahrungen gewitzigt, erklärte ich ihnen vorsichtshalber gleich, was sie sich unter dieser Berufsbezeichnung vorzustellen hatten. Das gab mir Gelegenheit, auch von meinem Glauben an Jesus Christus zu sprechen.

Die beiden sahen mich mit großen Augen an. Dann sagten sie beinahe gleichzeitig: »Das hätten wir nicht gedacht, Sie sind doch ein ganz normaler Mensch.«

Eine Weile schwiegen sie. Offensichtlich waren sie irritiert. Wie viele Menschen hatten sie von einem bewußten Christen oder gar von einem Pfarrer oder Evangelisten eine völlig andere Vorstellung; vermutlich gehörte dazu ein schwarzer Anzug und ein trauriger Blick. Außerdem erwartete man von ihm, daß er sich in einer gekünstelten Ausdrucksweise, der »Sprache Kanaans«, unterhielt, die sich vom modernen Umgangston deutlich unterschied.

Mit meinen beiden Beifahrern ergab sich dann aber doch ein langes Gespräch. Sie stellten Fragen nach dem Glauben, nach der Erlösung, wollten mehr über die Bibel und ihre entscheidenden Aussagen wissen. Wir kamen auf die Sünde des Menschen zu sprechen, und ich konnte ihnen erklären, daß Jesus Christus durch seinen Tod am Kreuz die Sünde aller Menschen und damit auch ihre Sünde auf sich genommen und vergeben hat. Ich erzählte ihnen, daß Jesus Christus immer bei uns ist und sich um unsere Probleme kümmert, wenn wir ihm vertrauen.

Als ich sie dann nach mehrstündiger Fahrt absetzte, bedankten sie sich nicht nur dafür, daß ich sie mitgenommen hatte, sondern vor allem für unsere Unterhaltung. »Das haben wir so noch nie gehört«, sagten sie.

Was war geschehen? Eigentlich gar nichts Besonderes. Ein Christ, mit seinem Wagen unterwegs, hatte es riskiert, zwei junge Leute mitzunehmen. Eine ganz alltägliche Situation. Damit schuf er die Voraussetzung zu einer Unterhaltung, die zu einem Gespräch über den Glauben wurde. Und er benahm sich dabei wie ein ganz normaler Mensch.

Vielleicht sollten wir die Gelegenheit zu solchen Gesprächen öfter suchen, oder wenigstens dafür offen sein, daß Gott uns in solche Situationen führt. Es muß ja nicht im Auto sein. Es gibt unzählige Möglichkeiten, mit anderen Menschen ins Gespräch zu kommen, wenn man dazu bereit ist.

Und in solchen Gesprächen brauchen wir dann gar nicht anders als ganz normal zu reagieren. Wir werden nicht zu Engeln mit Flammenschwertern, stehen nicht unter missionarischem Leistungsdruck. Wir sind Leute, die auf ihre Art, so wie wir sie erlebt und erfahren haben, die beste Nachricht, die ein Mensch je hören kann, weitergeben dürfen.

Dabei hat Erlöstsein nichts mit Verkrampfung, sondern mit Befreiung zu tun. Denn Christen sind Leute, die wissen, daß ihre Schuld vergeben ist. Sie haben ihren Mitmenschen die Gemeinschaft mit Jesus und die damit verbundene Verborgenheit voraus. Ihr Leben hat ein neues Ziel bekommen und Jesus hat ihnen zugesagt, daß sie es auch erreichen werden.

Das alles hat mir traurigem Blick, schwarzem Anzug und gekünstelter Redeweise überhaupt nichts zu tun. Vielmehr will Gott in unserem Leben eine geheiligte Natürlichkeit und Gelassenheit schenken. Gerade sie wird uns glaubwürdig erscheinen lassen, wenn wir mit unseren Mitmenschen über unseren Glauben sprechen. Ein Schuß Humor ist dabei eine Gabe Gottes, die sich nicht nur in der Unterhaltung im Familienkreis, sondern gerade auch beim Gespräch über Jesus als nützlich erweisen darf.

Zigeuner finden Jesus

Vor einigen Jahren führte ich im Odenwald eine Freizeit durch. Wir erlebten, daß junge Menschen vom Wort der Bibel gepackt wurden und ihr Leben durch Jesus Christus verändern ließen.

An einem Nachmittag stand ich auf dem Grundstück des Freizeitheims, als plötzlich ein alter Mercedes auf den Hof fuhr. Ein junger Zigeuner stieg aus, und als er mich sah, kam er auf mich zu und wollte mit mir ein Geschäft machen.

»Ich habe hier eine schöne Gitarre für dich, gute Qualität und sehr billig«, sprach er mich an. Da ich bereits eine Gitarre besaß, konnte ich gut ablehnen. Doch er gab nicht auf.

»Dann sieh dir doch einmal diese Geige an, ein wunderbares Instrument, eine Meistergeige! Und du sollst sie ganz billig haben.«

Aber ich blieb auch hier fest. Einmal war mir die Sache nicht ganz geheuer, zum anderen könnte ich auch einer Meistergeige nur Mißtöne entlocken. Daraufhin versuchte der junge Händler, mir einige andere Dinge anzudrehen. Aber ich blieb bei meinem »Nein«.

Dann versuchte ich meinerseits, ihm ein Angebot zu machen. »Ich verstehe, daß du mit diesen Geschäften dein Geld verdienen mußt«, sagte ich. »Aber du brauchst noch etwas anderes, was wichtiger ist als Geld: Du brauchst Jesus!«

In wenigen Sätzen erklärte ich ihm den Heilsweg Gottes, und er hörte bereitwillig zu. Schließlich meinte er: »Ich möchte gern Christ werden und Frieden mit Gott erhalten, aber ich will mir das vorher genau überlegen. Ich komme noch einmal wieder.« Damit stieg er in seinen Wagen und fuhr davon.

Nach etwa einer Stunde erschien der junge Zigeuner tatsächlich noch einmal. Er wollte mehr über Jesus und die Bibel hören, und natürlich war ich gern bereit, seiner Bitte nachzukommen.

Auf einmal unterbrach er mich und fragte: »Darf man, wenn man Christ ist, noch ein wenig lügen?«

»Warum fragst du das?« wollte ich wissen.

»Ich muß doch lügen, wenn ich einträgliche Geschäfte machen will«, entgegnete er. »Die Gitarre, die Geige und die anderen Gegenstände, die ich dir zum Verkauf angeboten habe, taugen in Wirklichkeit alle nichts; wenn ich sie verkaufen will, muß ich gute Seiten an ihnen hervorheben, die sie gar nicht haben.«

Da schlug ich die Bibel auf und las ihm aus Offenbarung 21, 8 vor: »Und aller Lügner Teil wird sein in dem Pfuhl, der mit Feuer und Schwefel brennt.«

Daraufhin meint er ernst: »Dann darf ich also als Christ nicht lügen. Ich will es mir noch einmal überlegen, bevor ich mich für Christus entscheide.«

Als er wieder wegfahren wollte, fragte ich: »Kommst du noch einmal zurück, damit wir uns weiter unterhalten können?«

»Ich will es lieber nicht versprechen«, meinte er zögernd; »denn wenn ich dann doch nicht komme, habe ich ja gelogen.«

An diesem Abend hörte ich, daß am nahen Wald Zigeuner ihr Lager aufgeschlagen hätten. Da machte ich mich auf den Weg, um sie zu besuchen. Um das Feuer zwischen den Wagen hatte sich eine malerische Gruppe versammelt. Darunter entdeckte ich auch den jungen Burschen, mit dem ich am Nachmittag gesprochen hatte.

Als ich fragte, ob ich ihnen etwas über Gott erzählen dürfe, stimmten sie bereitwillig zu. So begann ich, zu ihnen von der Liebe Gottes zu sprechen, die allen Menschen, auch den Zigeunern, gilt; ich schilderte ihnen das Leiden und Sterben Jesu und sprach davon, daß jeder, der an ihn glaubt, Vergebung seiner Schuld empfängt und ein neuer Mensch wird.

Aufmerksamere Zuhörer kann sich ein Redner nicht wünschen. Bewegt dankten mir die Zigeuner am Schluß und sagten: »Das haben wir so noch nie gehört, daß Gott uns liebhat. Wir glauben zwar an Gott, aber wir fürchten uns vor ihm. Manchmal, wenn wir in Not waren, haben wir zu ihm gebetet. Aber wenn er daraufhin nicht sofort half, haben wir zornig geflucht. Und nun kommen Sie und sagen uns, daß dieser Gott uns liebt.«

Bevor ich sie verließ, lud ich sie ein, mich zu besuchen, wenn sie mehr von Jesus hören wollten oder wenn sie bereit wären, ihm ihr Leben anzuvertrauen. Dann sprach ich ein kurzes Gebet und verabschiedete mich.

In jener Nacht habe ich wenig geschlafen. Ich wurde immer wieder wach und dachte an jene Gruppe von Zigeunern, der ich am Abend begegnet war. Und ich bat Gott, daß er doch einige von ihnen bereit machen möchte, von nun an mit Jesus zu leben.

Am nächsten Morgen klingelte es noch vor dem Frühstück an unserer Haustür. Als ich öffnete, standen sechs Zigeuner draußen und baten, ich möchte ihnen doch noch mehr von Jesus erzählen. Andere Christen aus dem Haus gesellten sich dazu. Sie sangen mehrere Lieder und berichteten, wie Gott in ihr Leben getreten war.

Und Gott segnete diese Stunde. Er tat den sechs Zigeunern das Herz auf. Sie knieten nieder und überantworteten ihr Leben Jesus Christus. Als sie sich verabschiedeten und weiterzogen, winkten sie, solange sie uns sehen konnten. Es waren der junge Zigeuner, mit dem ich mich am Vortag unterhalten hatte, seine Eltern und drei seiner älteren Brüder.

Später habe ich sie noch einmal wiedergetroffen. Auf der Fahrt zu einer Evangelisation entdeckte ich sie in einem Dorf des Odenwalds. Wir alle freuten uns über das Wiedersehen.

Sie erzählten mir, daß die Mutter krank im Wohnwagen liege, der draußen am Waldrand stand. Ich hatte nur wenig Zeit, aber ich fuhr doch noch schnell hinaus, um sie zu begrüßen. Sie hatte starke Schmerzen, ein schmerzlinderndes Medikament aber war nicht vorhanden. Also fuhr ich schnell in die nächste Stadt, um in einer Apotheke Tabletten zu besorgen. Den zehnjährigen Enkel der Frau nahm ich mit.

Unterwegs kamen wir ins Gespräch und er fragte mich: »Bist du nicht der Onkel, der uns damals von Jesus erzählt hat? Seitdem liest der Opa abends immer etwas aus der Bibel vor und betet mit uns.« Das war für mich die Bestätigung, daß es sich hier nicht um ein christliches Strohfeuer gehandelt hatte, sondern daß diese Menschen wirklich Jesus begegnet waren.

Durch dieses Erlebnis ist mir neu deutlich geworden, wie wichtig es ist, daß wir die sich uns bietenden Gelegenheiten nützen, um andere Menschen mit der frohen Botschaft bekanntzumachen.

»Gehet an die Hecken und Zäune und nötigt sie hereinzukommen«, heißt es im Gleichnis. Und das gilt auch für die Zigeuner.

Ein Lied öffnet das Herz

Ich hatte in einer Großstadt zu tun und wollte die Gelegenheit benutzen um alte Freunde zu besuchen. Aber auf mein wiederholtes Klingeln meldete sich niemand. Schließlich öffnete ein alter Mann die Tür der nebenanliegenden Wohnung und erklärte mir, daß meine Bekannten wohl spätestens innerhalb einer Stunde zurücksein würden.

»Sie brauchen gar nicht erst wegzugehen«, meinte er. »Sie können gern bei mir warten. Leisten Sie mir doch etwas Gesellschaft, ich bin ohnehin allein.«

Ich nahm sein Angebot an und betrat die Wohnung. Wir setzten uns in die Küche und redeten über das Wetter, die steigenden Preise und was man sich halt so erzählt, wenn man einander nicht kennt und doch ein Gespräch in Gang halten will.

Da fiel mein Blick auf ein an der Wand hängendes Kruzifix. Darauf sprach ich den alten Herrn an und fragte ihn, was das Kreuz Christi in seinem Leben denn für eine Bedeutung habe. Aber es zeigte sich schnell, daß er keine rechte Antwort zu geben wußte. Sehr weit schien es mit dieser Bedeutung bei ihm nicht her zu sein. Als ich das merkte, begann ich, zu ihm über das Evangelium zu sprechen.

Aufmerksam, fast andächtig, hörte er zu. Dann unterbrach er mich plötzlich: »Das müßte noch jemand anders hören«, sagte er.

Dabei stand er auf, winkte mir, ihm zu folgen, und ging in das nebenan gelegene Wohnzimmer. Die Rolläden waren heruntergelassen. Er schaltete das elektrische Licht ein, und da entdeckte ich zu meinem Erstaunen ein Mädchen, das, den Oberkörper auf den Tisch gelegt, offensichtlich seinen Rausch ausschlief.

»Das ist ein Mädchen von der Straße«, sagte der Alte, »mit der müssen Sie auch reden.«

Durch unsere Unterhaltung war das Mädchen aufgewacht. Gebieterisch herrschte es den Alten an: »Bring Schnaps, ich will saufen!«

Der alte Mann wollte loseilen, aber ich hielt ihn zurück. Dadurch bemerkte die berauschte Dame, daß ich auch noch da war. »Wer bist du denn?« fauchte sie mich an. »Und was willst du hier?«

»Ich möchte dir etwas von der Liebe Gottes erzählen«, entgegnete ich.

»Hör bloß auf mit dem Quatsch, es gibt keinen Gott!« krächzte sie heiser. Ich merkte, daß sie allmählich wieder nüchtern wurde, und sagte: »Ich weiß, wie du glücklich werden kannst. Jesus kann das für dich tun.«

»Ich bin glücklich!« schrie sie wütend zurück.

»Das sehe ich«, entgegnete ich ruhig, »wie es um dein Glück bestellt ist.« Und fuhr fort: »Dir geht es genau so, wie es in einem Lied beschrieben wird: ›Sie suchen, was sie nicht finden, in Liebe und Ehre und Glück, und sie kommen belastet mit Sünden und unbefriedigt zurück.‹«

»Das kenn ich«, antwortete sie und begann zu singen: »Ich bin durch die Welt gegangen . . .« Ich sang mit. Wir sangen bis zur letzten Strophe: »Es ist eine Ruhe gefunden, für alle fern und nah in des Gotteslammes Wunden am Kreuz von Golgatha.«

Einen Augenblick war sie still, als horche sie in sich hinein. Dann meinte sie: »Ich kenne noch so ein Lied.« Und ohne Umschweife begann sie zu singen: »Weil ich Jesu Schäflein bin, freu ich mich nun immerhin über meinen guten Hirten, der mich wohl weiß zu bewirten, der mich liebet, der mich kennt, und bei meinem Namen nennt.«

Nach dieser Strophe brach sie zusammen. Schluchzend schilderte sie mir ihr Leben. Sie war ein uneheliches Kind und hatte Mutterliebe nie kennengelernt. Die Familie empfand sie als Last und schob sie schließlich in ein christliches Kinderheim ab.

»Das waren die schönsten Tage meines Lebens«, erklärte sie. »Die Schwestern dort haben mir viel Liebe entgegengebracht. Sie haben mit uns gebetet, und bei ihnen habe ich diese schönen Lieder gelernt.«

Nach kurzem Stocken fuhr sie fort: »Wie das so ist; als junger Mensch meint man immer nur, man werde bevormundet und gemaßregelt und in seinen Freiheiten beschnitten. In meinem Leichtsinn bin ich eines Tages davongelaufen, und – wie Sie sehen – in der Gosse gelandet.«

Sie weinte herzerweichend. Als ich nun von der vergebenden Gnade Gottes und von der heilenden Liebe Jesu Christi sprach, hörte sie still und aufmerksam zu. In einem gemeinsamen Gebet bat sie Jesus Christus, in ihr Herz zu kommen und ihr Leben neu zu ordnen.

»Nachher säufst du nicht mehr!«

An einem heißen Sommertag war ich in einer Großstadt unterwegs. In den Straßen der City regte sich kaum ein Lufthauch. Deshalb beschloß ich, als ich an einer Gaststätte vorbeikam, mir eine Cola zu spendieren.

Aber als ich durch die Tür trat, wurde ich von einem Mann angesprochen, der an der Theke saß: »He, du, komm her und trink einen Schnaps mit mir!«

Höflich lehnte ich das Angebot des Fremden ab. Da wurde er böse und schimpfte: »Du verachtest mich wohl, was?!«

Ich antwortete: »Daß ich nicht mit Ihnen trinken will, bedeutet nicht, daß ich Sie verachte. Denn Jesus Christus liebt auch Sie, und dem gehöre ich.«

Ich hatte das zwar ruhig, aber doch so laut gesagt, daß man es im ganzen Lokal hören konnte. Sofort wandten mir alle Gäste ihre Aufmerksamkeit zu. Sogar der Wirt, der sich im Nebenraum rasierte, trat in die Tür und hörte, das Gesicht voll Seifenschaum, zu, wie ich mit jenem Mann an der Theke über das Evangelium von Jesus Christus sprach.

Daraus entwickelte sich ein längeres Gespräch, bei dem der wackere Zecher mehr und mehr sein Herz öffnete. Was wurde da nicht alles an Not und Elend deutlich! Schließlich meinte er: »Was Sie haben, das brauche ich auch.« (Jetzt redete er mich auf einmal per Sie an.) Schließlich bat er mich: »Können Sie mir nicht Ihre Adresse geben, damit ich mich auch in Zukunft an Sie wenden kann?«

Natürlich war ich dazu gern bereit, aber beide hatten wir nichts zum Schreiben bei uns.

Da wandte sich mein Gesprächspartner an die Wirtin: »Gib mir doch mal einen Kugelschreiber und ein Stück Papier herüber, damit der Mann mir seine Adresse aufschreiben kann.«

Aber die Wirtin war damit nicht einverstanden: »Kommt gar nicht in Frage«, erklärte sie böse, »nachher säufst du nicht mehr!«

Diese Frau hatte begriffen, worum es ging. Wenn ihr Stammgast mit Jesus ganze Sache machte, dann würde er zu trinken aufhören. Sie befürchtete eine Beeinträchtigung ihres Geschäfts und machte kein Hehl daraus. Natürlich bekam der Mann die Adresse trotzdem.

Es gibt einen Punkt, an dem der Teufel Angst hat. Er weiß, daß er auf diejenigen Menschen seinen Einfluß verliert, die ihr Leben Jesus Christus anvertrauen. Jesus macht die Bindungen, die einen Menschen gefangenhalten, zunichte. Er erlöst aus Gebundenheit, ob es sich nun um Alkohol, Rauschgift, Sex oder andere Bindungen handelt. Und die Freiheit, die er schenkt, ist die wahre Freiheit. Er sagt: »Wen der Sohn frei macht, der ist recht frei« (Johannesevangelium Kap. 8, 36).

Jesus ist der Mann, der am Kreuz den größten Sieg errang, der je in dieser Welt erfochten wurde: den einmaligen und endgültigen Sieg über die Macht der Sünde. Jetzt gibt es kein Problem mehr, das er nicht meistern könnte. Und kein Mensch ist so tief in Schuld und Sünde verstrickt, daß er ihn nicht retten könnte.

Durch Milchreis zum Glauben

Seit 1959 stehe ich nun als Evangelist im Dienst Jesu Christi. In den vergangenen Jahren habe ich in vielen Ländern das Evangelium verkündigen dürfen. Das ist die schönste Aufgabe, die ich mir vorstellen kann; ich bin davon überzeugt, daß alle Menschen nur durch Jesus Christus Vergebung ihrer Schuld, Frieden mit Gott und ein neues Leben bekommen können.

Dabei hatte ich nie vor, einmal Evangelist zu werden. Ich bin in einem christlichen Elternhaus groß geworden, und dafür bin ich Gott heute sehr dankbar. Als Junge glaubte ich an den allmächtigen Gott, an Jesus Christus, an Himmel, Hölle und Ewigkeit. Ich hielt die Bibel für das Wort Gottes, sprach meine Gebete wie ich sie gelernt hatte und besuchte am Sonntag den Gottesdienst.

Nach meinen damaligen Vorstellungen führte ich ein anständiges Leben, mit dem Gott eigentlich ganz zufrieden sein konnte. Damit waren meine Erfahrungen mit dem Christentum allerdings auch zu Ende. Ich hielt es für wahr, aber im Grunde lebte ich mein Leben, so wie ich es mir vorstellte.

Als 1945 der Krieg zu Ende ging, war ich 13. Die tiefgreifenden Erschütterungen und Umwälzungen der Folgezeit erfaßten auch unsere Familie. Es begann damit, daß wir Tausende von Menschen in ungeordneten Flüchtlingstrecks durch meine ostdeutsche Heimat ziehen sahen. Bald darauf wurde auch unser Gebiet von sowjetischen und polnischen Truppen besetzt. Wenig später mußten wir unsere Heimat für immer verlassen.

Verzweifelt machten wir uns auf den Weg nach Westen, Tausende und Abertausende, die Einwohnerschaften ganzer Dörfer und Städte. In den Flüchtlingstrecks herrschte ein unvorstellbares Elend. Durch Wochen hindurch gab es keine geregelte Versorgung. Wir lebten von dem, was wir unterwegs fanden. Ein bestimmtes Ziel hatten wir nicht. Es hieß lediglich: »Ihr müßt nach Westen, in das Gebiet jenseits der Oder.«

Viele verzweifelten und verübten Selbstmord. Andere starben an Hunger oder Krankheit. Uns Jungen wurde nur teilweise bewußt, was da vor sich ging. Aber wir lernten nachsprechen, was die Erwachsenen sich wieder und wieder anklagend zuriefen: »Wie kann Gott so etwas zulassen!?« Auch wir Kinder litten; es fiel uns nicht schwer, uns den Satz der Alten zu eigen zu machen.

Nach wochenlangem Marsch erreichten wir Mecklenburg und damit das Gebiet der heutigen DDR. Als Familie erhielten wir ein kleines Zimmer zugewiesen, und von nun an gab es auch regelmäßige Lebensmittelzuteilungen. Aber alles war knapp, nur auf Karten erhältlich, und was wir zum Anziehen besaßen, war auf der Flucht verschlissen.

Wenn ich diese Zeit heute rückschauend überblicke, so kann ich erkennen, wie Gott uns in aller Not geführt und durchgebracht hat. Damals jedoch konnte ich das nicht verstehen. Von Gott wollte ich nicht mehr viel wissen und ging nur in die Kirche, weil die Mutter es so wollte.

Als ich konfirmiert wurde, erhielt ich den Einsegnungsspruch: »Herr, deine Güte reicht, soweit der Himmel ist, und deine Wahrheit, so weit die Wolken gehen« (Ps. 36, 6). Aber mit den anderen fragte ich nur, wo denn Gottes Güte und Liebe in einer so schweren Zeit wie der unseren geblieben sei. Mein Bruder und ich besuchten weiter den Gottesdienst, weil es von uns verlangt wurde; aber wir langweilten uns in unseren Kirchenbänken und warteten ungeduldig darauf, daß das letzte »Amen« gesprochen wurde. Hätte man uns gefragt, ob wir Christen seien, so hätten wir vermutlich empört geantwortet: »Na klar, was denn sonst!«

Als ich fast 16 war, wurde ich in einen christlichen Jugendkreis eingeladen. Zunächst war ich von diesem Vorschlag gar nicht begeistert. Außerdem schämte ich mich; ich fürchtete, die anderen könnten mich sehen, wenn ich zu den »Frommen« ging. Aber schließlich holten mich die jungen Leute zu Hause ab; ich hatte keine Möglichkeit mehr, »Nein« zu sagen.

In den Jugendstunden wurden zunächst frische christliche Lieder gesungen. Das gefiel mir. Anschließend wurde jeweils über einen Bibeltext gesprochen, und dafür zeigte ich weit weniger Interesse. Die abschließende Gebetsgemeinschaft ließ ich dann nur noch widerwillig über mich ergehen. Nach dem erstenmal wäre ich am liebsten weggeblieben. Aber die jungen Leute waren nett zu mir. Sie kümmerten sich um mich und luden mich immer wieder ein.

Eines Tages kam dann das Gespräch auf die nächste Jugendfreizeit. Und man bot mir an, daran teilzunehmen. So etwas hatte ich noch nie mitgemacht. Es würde viel Sport getrieben und gespielt, und täglich gäbe es eine Bibelarbeit, hieß es.

Vorsichtshalber lehnte ich zunächst einmal ab. Mittlerweile war ich als Lehrling in eine Firma eingetreten, und so gab ich vor, daß mein Chef mir keinen Urlaub gewähren würde. Aber die jungen Leute gaben nicht auf. Begeistert erzählten sie von der letzten Jugendfreizeit, die sie mitgemacht hatten.

In diesen Berichten war auch immer wieder von dem guten Essen die Rede, das es bei dieser Gelegenheit gab. Die Freizeitarbeit wurde nämlich von amerikanischen Christen durch Lebensmittelpakete unterstützt.

In den Nachkriegsjahren, in denen wir jungen Leute stets

Hunger hatten, war dies ein verlockendes Angebot. Ich hatte meine Brotration, die für den ganzen Tag reichen sollte, meist schon aufgegessen, wenn ich morgens zur Arbeit ging. »Sattsein« war für uns ein Fremdwort, das wir nur vom Hörensagen kannten.

Ganz nebenbei erzählte dann jemand, daß er bei der letzten Freizeit mit einem anderen Teilnehmer Milchreis mit Zucker und Zimt um die Wette gegessen habe. Und das gab schließlich den Ausschlag; denn Milchreis aß ich damals für mein Leben gern. Ich ließ meine Bedenken, daß die Sache irgendeinen »frommen« Haken haben müsse, fallen, und meldete mich kurzentschlossen an.

Die Freizeit fand in einer der schönsten Gegenden Mecklenburgs statt. Hier stehen die ältesten Eichen Deutschlands. Wir wohnten in einem Schloß, dessen Inneneinrichtung durch Kriegseinwirkungen fast völlig zerstört waren. Aber das kümmerte uns wenig. Geschlafen wurde auf Stroh, das wir auf dem Fußboden ausbreiteten.

Etwa 80 Jugendliche nahmen an der Freizeit teil. Wir trieben Sport, machten Spiele, wanderten und gingen Schwimmen. Das Essen war in der Tat gut, und sogar der Milchreis fehlte nicht. Außerdem ging es immer fröhlich zu, was ich von bewußten Christen gar nicht erwartet hatte. Es war eine herrliche, unbeschwerte Zeit.

Täglich wurden biblische Vorträge gehalten, über die man anschließend gemeinsam miteinander sprach. Und plötzlich merkte ich, wie mir das Herz aufging. Andere junge Leute erzählten, wie Jesus Christus ihnen ihre Sünde und Schuld vergeben und sie von Bindungen befreit habe. Ich sah in ihre klaren Gesichter und begriff, daß diese jungen Leute etwas besaßen, was ich noch nicht kennengelernt hatte.

Und ich verstand noch etwas anderes: nämlich daß eine sogenannte christliche Lebensweise nicht genügen kann, um vor Gott zu bestehen. Ich erkannte, daß man vor Gott nur dann gerecht ist, wenn man die Erlösung, die Jesus am Kreuz vollbracht hat, für sich in Anspruch nimmt. Und dabei wurde mir erschreckend klar, daß ich das alles zwar »für wahr« hielt, daß ich Jesus aber in dieser Form noch nicht als Retter und Herrn meines Lebens angenommen hatte. Ich erkannte, daß ich ein verlorener Sünder war. Ich bezeichnete mich zwar als Christ, aber in Wirklichkeit war ich keiner.

Im Umgang mit der Bibel wurde mir deutlich, daß ich eine bewußte Entscheidung für Christus treffen mußte. Diese Erkenntnis hatte zunächst eine schwere innere Auseinandersetzung zur Folge: Jesus bot mir neues Leben an – der Teufel stellte dem die Annehmlichkeiten des alten gegenüber.

Ich aber hatte erkannt, daß ich nicht neutral bleiben konnte; ich mußte wählen. »Wer nicht für mich ist, der ist gegen mich«, hat Jesus einmal gesagt. Und an anderer Stelle hat er festgestellt, daß »niemand zwei Herren dienen kann«.

An einem Abend traf ich dann die Entscheidung für Jesus. Ich bekannte ihm im Gebet meine Schuld und stellte ihm mein ganzes Leben zur Verfügung. Daraufhin zog eine große Freude in mein Herz ein. Ich war gewiß, daß Jesus mich angenommen hatte und ich ein Kind Gottes geworden war; denn die Zusage aus dem Johannesevangelium galt auch für mich: »Wieviele ihn aber aufnahmen, denen gab er Macht, Gottes Kinder zu werden, die an seinen Namen glauben« (Kap. 1, 12).

Als ich wieder nach Hause kam, erzählte ich zunächst meiner Mutter von meiner Hinwendung zu Jesus. Ihre Freude war groß; denn sie hatte schon lange für mich gebetet. Auch die Freunde im Jugendkreis freuten sich.

Anders dagegen reagierten die Arbeitskollegen und

meine nichtchristlichen Freunde. Sie sahen mich spöttisch an oder lachten mich aus. Immer wieder machten sie meinen Glauben zur Zielscheibe ihres Spotts.

Das war nicht immer einfach zu ertragen, aber es hat meine grundsätzliche Entscheidung nicht beeinflußt. Auch sonst verlief mein Leben keineswegs problemlos. Ich ging weder auf Wolken, noch war ich auf Rosen gebettet. Ich begriff ja jetzt erst ganz allmählich den Unterschied zwischen meiner alten und meiner neuen Existenz. Das führte zu mancherlei Anfechtungen und Kämpfen, die es durchzustehen galt.

Aber Jesus ist seitdem, nach seiner Zusage, immer bei mir. Wenn ich einmal versage, läßt er mich nicht fallen, sondern hilft mir wieder auf und gibt mir neue Kraft. Immer wieder neu erweist er mir seine Liebe.

Jesus hat mich nie enttäuscht. Es lohnt sich, mit ihm zu leben!

Ein »typischer« Deutscher?

Im Lauf der vergangenen Jahre wurde ich verschiedentlich zu Evangelisationen nach Südamerika eingeladen. Anläßlich einer dieser Reisen besuchte ich Uruguay. Dabei kam ich auch in eine Stadt, in der ich noch nie gewesen war. So schlenderte ich durch die Straßen, um einen Eindruck von dem Ort und seinen Bewohnern zu bekommen.

Da wurde ich plötzlich von einem Mann in deutscher Sprache angesprochen. »Guten Tag«, begrüßte er mich. Überrascht fragte ich ihn: »Woher wissen Sie denn, daß ich Deutsch spreche?«

»O«, meinte er, »Sie sprechen nicht nur Deutsch, Sie sind ein typischer Deutscher. Das sieht man doch sofort. Ich habe zwei Jahre als Ingenieur in Deutschland gearbeitet, ich kenne die Deutschen.«

Nun wurde ich neugierig. »Woran haben Sie denn erkannt, daß ich ein typischer Deutscher bin? Ich könnte doch ebenso gut aus einem anderen europäischen Land stammen.«

Er musterte mich von oben bis unten und erklärte dann: »Sie tragen typisch deutsche Schuhe.«

Da konnte ich mir ein Lachen nicht verkneifen. »Diese Schuhe habe ich in Spanien gekauft«, klärte ich meinen neuen Freund auf.

Der aber ließ sich nicht beirren. »Ihre Hose, die ist aber ganz bestimmt aus Deutschland«, behauptete er.

Wieder mußte ich ihn enttäuschen. Er tat mir fast schon ein wenig leid, aber es blieb mir nichts anderes übrig, als klarzustellen, daß besagte Hose mitnichten aus Deutschland kam, sondern daß ich sie in Brasilien erstanden hatte.

Da trat also ein wildfremder Mann auf mich zu und behauptete, daß ich Deutscher sei. Alle Merkmale, an denen er das festgestellt haben wollte, erwiesen sich als unzutreffend, und trotzdem hatte der Mann recht. Ich war tatsächlich ein Deutscher. Aber nicht wegen meiner Schuhe oder meiner Hose, auch nicht aufgrund meines Verhaltens, nicht einmal meiner Sprache wegen. Deutsch sprechen, das konnten auch andere Leute. Ich war ganz einfach deshalb ein Deutscher, weil ich als Kind deutscher Eltern in Deutschland geboren worden war.

Ähnlich verhält es sich mit dem Christsein. Auch da gibt es manche Mißverständnisse, wer ein Christ ist und wer nicht. Nur wird darüber meist nicht so offen geredet, und deshalb fällt es weniger auf.

Viele Leute meinen, ein Christ sei ganz einfach jeder, der als anständiger Mensch lebe, Gutes tue und einigermaßen religiös eingestellt sei. Andere machen das Christsein von der Zugehörigkeit zu einer Kirche abhängig. Sie sagen: Ein Christ ist, wer getauft und konfirmiert wurde, sich christlich trauen läßt, seine Kirchensteuer bezahlt und regelmäßig (oder wenigstens ab und zu) am Sonntag den Gottesdienst besucht.

Nun sind alle die aufgezählten Dinge an sich gut und richtig. Man wird sie bei einem Christen vorfinden, so wie man bei einem Deutschen feststellt, daß er Salamander-Schuhe oder einen Anzug von Neckermann trägt. Aber so wenig wie der Besitz eines Anzugs von Neckermann einen Menschen zum Deutschen macht, so wenig ist man nur deshalb ein Christ, weil man sich mit dem Einzug der Kirchensteuer einverstanden erklärt und Heiligabend und Ostersonntag in die Kirche geht.

Es ist wichtig, daß ein Mensch seine Staatsangehörigkeit

geregelt hat. Wir wissen, wie schwer es Menschen haben, die staatenlos sind; sie gehören nirgends richtig hin. Genauso wichtig ist es, daß wir wissen, wer ein Christ ist und wer nicht. Auch diese Frage muß klargestellt sein, damit man sich nichts vormacht und vor bösen Überraschungen sicher ist.

Wer nun verbindliche Auskunft darüber haben will, wer wirklich ein Christ ist, der muß sich an die Bibel wenden. Sie nennt uns folgende wichtige Kennzeichen:

1. Das erste und wichtigste Kennzeichen ist dieses: Man muß genauso als »Christ geboren« sein, wie man als Deutscher geboren sein muß. Ein Mensch werde ich dadurch, daß ich geboren bin. Und der Christ, so sagt die Bibel, ist ein »neuer Mensch« (Eph. Kap. 4, 22).

Dieses neue Menschsein setzt ein genauso einschneidendes und entscheidendes Ereignis voraus, einen Eintritt in das Leben als Christ, den Jesus mit einer »Geburt« gleichsetzt. Er sagt: »Es sei denn, daß jemand von neuem geboren werde, so kann er das Reich Gottes nicht sehen« (Johannesevangelium Kap. 3, 3). Wenige Verse später betont er, daß dieser Durchbruch zum neuen Menschsein eine unabdingbare Voraussetzung ist: »Ihr müßt von neuem geboren werden« (V. 7). Wer diese Neuwerdung, diese neue Geburt nicht erfährt, kann das Reich Gottes nicht betreten.

Aber warum ist dieser einschneidende Eingriff notwendig, warum müssen wir Menschen von neuem geboren werden? Auch darauf gibt die Bibel Antwort. Der Apostel Paulus macht verschiedentlich deutlich (Römerbrief Kap. 3; Epheserbrief Kap. 2), daß der von Gott losgelöste Mensch sich durch seine Sünde und Übertretung in einem Zustand befindet, der aus Gottes Sicht gar nicht als »Leben« bezeichnet werden kann. Dieser Mensch »ist geistlich tot«, sagt Paulus. Dieser Zustand ist eine Folge der Sünde (»der Lohn« – die Konsequenz, die Folge –

»der Sünde ist der Tod«; Römerbrief Kap. 6, 23). Nun leuchtet ein, daß mit Gott keine Gemeinschaft haben kann, wer die göttliche Qualität von »Leben« gar nicht besitzt, wer auf der Ebene Gottes und aus Gottes Sicht gar nicht als Lebender angesprochen werden kann. Wer in diesem »geistlichen Todeszustand« beharrt, wer sich Sünde und Schuld durch Jesus Christus nicht abnehmen läßt, der wird in Ewigkeit von Gott getrennt bleiben. Deshalb ist der Durchbruch zum »neuen Leben« die entscheidende Sache, auf die es bei jedem Menschen ankommt.

Wann vollzieht sich dieser Durchbruch, diese »neue Geburt«? Sie geschieht da, wo ein Mensch sein Leben Jesus Christus anvertraut, wo er im Glauben Vergebung seiner Schuld empfängt und sich Jesus Christus mit allen Bereichen seines Lebens unterordnet. Johannes schreibt in seinem 1. Brief: »Wer da glaubt, daß Jesus sei der Christus, der ist von Gott geboren« (Kap. 5, 1). Wer sein Leben so Jesus Christus angelobt (glauben = globen = geloben) der empfängt zugleich den Geist Gottes, der ihn für Gott beschlagnahmt. Paulus schreibt an die Gemeinde in Ephesus: »Da ihr gläubig wurdet, seid ihr versiegelt worden mit dem Heiligen Geist« (Epheserbrief Kap. 1, 13).

2. Das zweite Kennzeichen eines Christen ist Folge des ersten: Wer zum »neuen Leben« durchgebrochen ist, der ist gewiß, daß er dieses neue, ewige Leben empfangen hat und freut sich darüber. Eine solche Haltung wird immer wieder als Vermessenheit, Arroganz oder Angeberei bezeichnet. Aber wer das behauptet, hat die Gesamtaussage der Heiligen Schrift zu diesem Thema gegen sich. Jesus selbst fordert seine Jünger auf: »Freuet euch, daß eure Namen im Himmel eingetragen sind« (Lukasevangelium Kap. 10, 20). Und Johannes stellt fest: »Solches habe ich euch geschrieben, damit ihr wißt, daß ihr ewiges Leben habt« (1. Johannesbrief Kap. 5, 13).

Wer an Jesus Christus als seinen Erlöser glaubt, der darf wissen: Ich bin begnadigt und habe ewiges Leben. Paulus schreibt an die Christen in Rom, daß es der Heilige Geist ist, der solche Gewißheit vermittelt: »Denn der Heilige Geist gibt Zeugnis unserem Geist, daß wir Gottes Kinder sind« (Kap. 8, 16). Hier werden die Christen nicht aufgefordert, sich auf (noch so schöne) Gefühle zu verlassen. Die Bibel ist ein realistisches Buch, und Gefühle wechseln schnell. Die Gewißheit seiner Errettung, die Gewißheit des neuen Lebens erhält der Christ im Glauben an Christus: durch das Vertrauen auf die Aussagen der Bibel, die der Heilige Geist ihm lebendig macht und bestätigt.

3. Ein Christ bekennt sich zu Jesus Christus als seinem Erlöser und Herrn. »Jesus Christus kyrios« (= Jesus Christus ist Herr) war das kürzeste Glaubensbekenntnis der ersten Christen.

Auch in meinem Leben gab es eine Zeit, in der ich nur dem Namen nach Christ war. Da wußte ich mit Begriffen wie »Gewißheit« und »neues Leben« wenig anzufangen, und infolgedessen konnte ich auch nicht darüber reden. Aber als ich dann zu Jesus Christus ein ganzes »Ja« gefunden hatte, da ging mir nicht nur das Herz, sondern auch der Mund auf. Da habe ich angefangen, mit anderen darüber zu reden, was Jesus für mich und an mir getan hat. Manchmal hat man mich deswegen ausgelacht. Aber Jesus und die Apostel sprechen deutlich aus, daß solche Erfahrungen für einen Christen durchaus normal sind.

Auch Jesus ist von den Menschen angegriffen worden; und zwar interessanter Weise vor allem von jenen Leuten, die in seinem eigenen Volk als fromm und als Vertreter des Glaubens galten. Petrus und den übrigen Jüngern wurde nach Pfingsten von der obersten religiösen und politischen jüdischen Behörde verboten, weiter von Jesus zu predigen. Aber Petrus erklärte daraufhin: »Wir können es nicht lassen, von dem zu reden, was wir gesehen und gehört haben« (Apostelgeschichte Kap. 4, 20). Ein anderes Mal erhielten die Jünger sogar die Prügelstrafe, weil sie den Mund nicht halten konnten. Aber Lukas berichtet darüber: »Sie gingen fröhlich von des Rates Angesicht, daß sie würdig gewesen waren, um seines Namens willen Schmach zu leiden. Und hörten nicht auf, alle Tage im Tempel und hin und her in den Häusern zu lehren und zu predigen das Evangelium von Jesus Christus« (Apostelgeschichte Kap. 5, 41–42).

4. Ein Christ stellt seinen Glauben auch durch sein Verhalten im Alltag unter Beweis. Paulus schreibt an die Gemeinde in Ephesus: »Denn wir sind sein Werk, geschaffen in Jesus Christus zu guten Werken, zu welchen Gott uns zuvor bereitet hat, daß wir darin wandeln sollen.« Ein Christ hat den Wunsch, sein Leben so auszurichten, daß das neue Leben, das er empfangen hat, durch sein Verhalten erkennbar wird. Hatte er früher Gefallen an Dingen, die vor Gott nicht Recht sind, so wird er jetzt darauf achten, ihnen aus dem Weg zu gehen. Er wird seinen eigenen Willen dem Willen Gottes unterordnen.

Die Voraussetzung dazu ist, daß er den Willen Gottes erkennt. Was Gott will, offenbart sich ihm durch die Bibel. Durch das Wort der Bibel redet Gott zu ihm und zeigt ihm, was er tun soll. Die tägliche Bibellese ist nun keine öde Pflichtübung mehr, sondern aus ihr erhält das neue Leben seine tägliche Nahrung. Wer die Bibel nicht liest, wird den Willen Gottes nicht erkennen und zwangsläufig auf Irrwege geraten.

Zum Bibellesen gehört das Beten. Redet Gott durch das Wort der Bibel zu mir, so kann ich ihm im Gebet alles sagen, was mich bewegt. Dieses tägliche Gespräch mit Gott wird zu einer Kraft in meinem Leben, die ich nicht mehr missen möchte. Beten wird zur Lebenshaltung. »Betet ohne Unterlaß«, fordert Paulus die Christen in Thessalonich auf (1. Thessalonicherbrief Kap. 5, 17).

Ein Christ bleibt nicht allein. In einer christlichen Gemeinde sucht er die Gemeinschaft mit Gleichgesinnten. Von den ersten Christen wird gesagt: »Sie blieben aber beständig in der Apostel Lehre und in der Gemeinschaft und im Brotbrechen und im Gebet« (Apostelgeschichte Kap. 2, 42).

5. Kennzeichnend für einen Christen ist ferner, daß er sich an der Arbeit für Jesus beteiligt und daß sein Leben entscheidend dadurch geprägt wird, daß er auf den wiederkommenden Jesus wartet. Paulus schreibt den Christen in Thessalonich sehr eindeutig, worin jetzt der Sinn ihres Lebens und ihr neuer Auftrag besteht: »Ihr habt euch von den Götzen zu Gott bekehrt, um dem lebendigen und wahren Gott zu dienen und aus den Himmeln seinen Sohn zu erwarten« (Kap. 1, 9).

Man kann Jesus auf sehr verschiedene Art und Weise dienen: man kann mit anderen Menschen von ihm sprechen, Traktate verteilen, zu den Gottesdiensten einladen, in der Gemeinde mitarbeiten. Man kann im Chor mitsingen, im Kindergottesdienst helfen, Menschen zu einem Hauskreis in der eigenen Wohnung zusammenrufen oder Kranke und Alte besuchen. Jeder Christ hat von Gott ganz bestimmte Gaben bekommen. Es geht darum, daß wir sie erkennen; daß wir sie entfalten, indem wir uns darin üben und sie dann an dem Platz, an den Gott uns gestellt hat, für ihn einsetzen.

»Ich tue recht und scheue niemand«

Kurz vor dem Dorf, in dem ich den Ortspfarrer besuchen wollte, hielt ich meinen Wagen am Straßenrand an. Bis zu dem Termin im Pfarrhaus blieb noch etwas Zeit, und ich wollte mir schnell einige Dinge notieren, die ich erledigen mußte und nicht vergessen durfte.

Als ich mit den Eintragungen in mein Notizbuch beschäftigt war, bemerkte ich, daß ein anderer Wagen neben dem meinen anhielt. Der Fahrer kurbelte das Seitenfenster herunter und rief mir zu: »Sind Sie aus Altenkirchen im Westerwald?«

Als ich bejahte, fuhr er fort: »Ich habe Sie an den Ortsbuchstaben auf Ihrem Nummernschild erkannt.«

Und nun wollte er alles mögliche wissen: »Wohnen Sie schon lange dort? Kennen Sie den und den?« Dabei stellte sich heraus, daß er selbst bis vor wenigen Jahren in Altenkirchen gewohnt hatte.

Es zeigte sich, daß wir tatsächlich einige gemeinsame Bekannte hatten. Dann fragte er plötzlich: »Was machen Sie eigentlich hier in dieser Gegend?«

»Ich will in das vor uns liegende Dorf«, gab ich bereitwillig Auskunft.

»Da wohne ich auch«, meinte er. Und neugierig forschte er weiter: »Zu wem wollen Sie denn da?«

»Zum Pfarrer«, entgegnete ich wahrheitsgemäß.

»Na, dem wollen Sie wohl ein neues Gebetbuch verkaufen?« spöttelte er und fing laut an zu lachen.

»Anscheinend halten Sie von diesen Dingen nicht besonders viel«, bemerkte ich.

»Ne«, lautete prompt seine Antwort, »davon halte ich wirklich nichts. Ich gehe auch nicht in die Kirche. Aber ich lebe nach dem Wahlspruch: ›Tue recht und scheue niemand.‹ Da wird der liebe Gott schon mit mir zufrieden sein.«

»Tun Sie denn immer das Rechte?« fragte ich ihn.

»Na klar!«, meinte er selbstsicher.

Aber ich stellte ihm noch einmal die gleiche Frage, nur etwas eindringlicher: »Meinen Sie wirklich, daß Sie immer das Richtige tun?«

Da stutzte er und schwieg einen Augenblick. Dann gab er zögernd zu: »Wenn ich mir das genau überlege, dann habe ich nicht immer recht getan.« Aber schnell wieder beruhigt fügte er hinzu: »Das kann ja auch kein Mensch!«

Nun war ich an der Reihe: »Wenn Sie nicht immer das Rechte getan haben«, folgerte ich, »dann sind Ihnen also schon Fehler unterlaufen; und Fehler in unserem Verhalten vor Gott sind Sünde. Sünde aber trennt uns von Gott, und wenn sie nicht aus der Welt geschafft wird, führt sie zur ewigen Verdammnis. Wie wollen Sie denn dann mit Ihrer Schuld vor Gott bestehen? Sie haben völlig Recht, wenn Sie sagen, daß niemand immer rechttun kann. Genauso steht es auch in der Bibel« (Römerbrief Kap. 3).

Nun sprach ich mit dem Mann im anderen Auto durch die geöffneten Wagenfenster über die Vergebung der Schuld, die Jesus Christus am Kreuz für uns erworben hat, und die wir als Sünder annehmen müssen, um vor Gott bestehen zu können. Der Mann war so interessiert, daß er den Motor abstellte. Ich erzählte ihm, wie ich Jesus begegnet bin und wie er mich erlöst und mein Leben froh gemacht hat. Und ich sagte ihm, daß er das Gleiche erfahren könne. Gern hätte ich noch weiter geredet, aber mitten in dieser »Predigt« erschien ein Polizist und gab uns zu verstehen, daß wir endlich weiterfahren sollten; denn unsere parkenden Autos versperrten so ziemlich die ganze Straße.

Viele Menschen denken ähnlich wie jener Mann. Sie meinen, Gott müsse mit ihrem bißchen Anständigkeit doch recht zufrieden sein. Aber das ist eben nur ihre eigene Meinung; und manchmal verhehlen sie sich dabei, daß sie nicht einmal selbst mit sich zufrieden sind.

Gott beurteilt den Menschen anders. Er sagt: »Das Trachten des menschlichen Herzens ist böse von Jugend auf« (1. Mose Kap. 8, 21). Wer aufrichtig ist, wird das im Blick auf sich selbst zugeben müssen. Wie aber soll Gott mit einem Menschen zufrieden sein, dessen Leben durch die boshaften Zielsetzungen seines Herzens gekennzeichnet ist? Mit der Heiligkeit Gottes läßt sich das nie und nimmer vereinbaren. Schon eine einzige Sünde, die wir getan haben, trennt uns von ihm. Durch eine einzige Übertretung der Anweisungen Gottes verloren Adam und Eva die Gemeinschaft mit Gott.

Nun ist vielen Menschen bewußt, daß in ihrem Leben längst nicht alles so ist, wie es sein sollte. Sie versuchen das durch gute Taten auszugleichen und wettzumachen. Doch spüren sie letztlich, daß das nicht geht. Denn das Problem unseres Lebens besteht nicht nur in einzelnen, vielleicht besonders auffälligen und hervortretenden Sünden. Es liegt in unserer Grundeinstellung: Wir haben unser Leben selbst gestaltet, wollen es in die eigene Hand nehmen. Und eben das gelingt uns nicht, gerade da laufen wir Gott aus der Schule. Da beginnt unsere Sünde, die sich dann wie ein roter Faden durch alle unsere Verhaltensweisen hindurchzieht und da ist ein bißchen Anständigkeit eben nicht mehr als ein Tropfen Wasser auf einen heißen Stein.

Schuld muß vergeben werden, und das geschieht durch Gnade: »Aus Gnade seid ihr gerettet worden durch den Glauben, und das nicht aus euch: Gottes Gabe ist es, nicht aus den Werken, auf daß sich nicht jemand rühme« (Epheserbrief Kap. 2, 8–9). Und der Schreiber des Hebräerbriefs stellt lakonisch fest: »Ohne Glauben ist es unmöglich, Gott zu gefallen« (Kap. 11, 6).

Aber was heißt das denn nun wirklich: glauben? Viele Menschen reden davon, und oft verstehen sie darunter etwas völlig anderes. Fragen wir also, was die Bibel dazu zu sagen hat:

1. Zunächst gibt es eine Form des Glaubens, die einem bloßen Für-wahr-Halten entspricht. Diese Art zu glauben ist vielen Menschen eigen. Sie halten die Existenz Gottes für wahr, sie bezweifeln nicht, daß Jesus Christus gelebt hat und sie rechnen damit, daß es Himmel und Hölle und eine ewige Welt Gottes gibt. Sie widersprechen nicht, wenn man sagt, daß die Bibel das Wort Gottes sei. Aber weiter sind sie nicht gekommen. Das alles hat zu ihrem Leben letztlich keinen direkten Bezug, und das reicht nicht aus. Jakobus schreibt in seinem Brief: »Die Teufel glauben auch und zittern« (Kap. 2, 19). Viele Menschen haben keinen besseren Glauben als die Dämonen. Sie fürchten sich vor Gott; denn sie spüren instinktiv, daß ihr Leben vor ihm nicht stimmt. Den zweiten, den rettenden Schritt auf ihn zu aber wagen sie nicht.

2. Glauben bedeutet, daß man sich Jesus Christus anvertraut. Jesus selbst hat um dieses Vertrauen immer wieder geworben, er hat die Menschen aufgefordert: »Komm, folge mir nach!« Dazu gehört, daß man sein bisheriges Leben mit aller Sünde und Schuld zurückläßt, daß man es bei Jesus abgibt. Man kann ihm das einfach im Gebet sagen. Und wer das aufrichtig tut, für den gilt, was Paulus

im Römerbrief schreibt: »So man von Herzen glaubt, so wird man gerecht« (Kap. 10, 10).

Die Voraussetzung dazu ist, daß man begreift, daß es keine andere Möglichkeit gibt. Daß man die eigenen Rettungsversuche aufgibt und den Rettungsring ergreift, den Gott uns in Jesus Christus zuwirft. Er ist die große Chance für alle Menschen. Jesus sagt: »Also hat Gott die Welt geliebt, daß er seinen eingeborenen Sohn gab, damit alle, die an ihn glauben, nicht verloren werden, sondern das ewige Leben haben« (Johannesevangelium Kap. 3, 16).

3. Glaube ist die Hinwendung zu Gott. Er äußert sich in Treue und Gehorsam ihm gegenüber. Der Schreiber des Hebräerbriefes sagt: »Durch den Glauben wurde Abraham Gott gehorsam« (Kap. 11, 8). Abraham erkannte Gott nicht nur mit seinem Verstand an, er war auch bereit, den Willen Gottes zu tun.

So mancher nennt sich Christ, aber er tut im Grunde nur, was ihm selber paßt. Er behält seine alten sündigen Gewohnheiten bei. Die Bibel bezeichnet solche Christen als »fleischlich« (Römerbrief Kap. 8, 8).

Sie haben ihr Leben Gott nicht anvertraut, und sie leben nicht aus diesem Vertrauen. Ihr Leben ist eine einzige Tragik; denn sie sitzen genau zwischen den Stühlen, und dann wundern sie sich oft, wenn ihnen der Segen Gottes versagt bleibt, wenn sie seine Kraftwirkungen in ihrem Leben nicht erfahren.

Jesus will, daß seine Leute in der Gemeinschaft mit ihm bleiben. Im beständigen Umgang mit ihm werden sie ihm allmählich immer ähnlicher; sie werden in sein Wesen, in sein »Bild« hinein umgestaltet. Das geht gewiß nicht ohne Kämpfe und Schwierigkeiten vor sich. Aber Jesus hat gerade den Schwachen (denen, die aufgehört haben, sich selbst erlösen zu wollen) zugesagt, daß er sich in ihnen verherrlichen, ihnen seine Kraft und seinen Sieg schenken will.

4. Schließlich hat Glaube mit kindlichem (nicht mit kindischem) Vertrauen zu tun. Zu einer Frau, die in schlichtem Glauben sein Gewand berührt hatte und daraufhin gesund geworden war, sagte Jesus: »Dein Glaube hat dir geholfen« (Matthäusevangelium Kap. 9, 22). Und an anderer Stelle hat er den Leuten, die ihm nachfolgen, eine ungeheuere Zusage gemacht: »Alle Dinge sind möglich dem, der da glaubt« (Markusevangelium Kap. 9, 23).

Damit meint Jesus nicht, was in dem bekannten Wandspruch ausgedrückt wird: »Wenn du meinst, es geht nicht mehr, kommt von irgendwo ein Lichtlein her.« Christen erfahren nicht zufällig und von irgendwoher die entscheidende Hilfe. Ihr Vertrauen ist auf Jesus gerichtet, und der steht zu seinen Zusagen. Wer ihm vertraut, der wird erfahren, was Jesus zu Maria sagte: »Wenn du glaubtest, du würdest die Herrlichkeit Gottes sehen!«

»Beweisen Sie uns Gott!«

Einigen jungen Männern gefiel es offensichtlich nicht, daß wir in ihrem Ort eine Zeltmission durchführten. Durch alle möglichen Störmanöver versuchten sie, uns Schwierigkeiten in den Weg zu legen. Einmal konnten sie im letzten Augenblick daran gehindert werden, das Stromkabel herauszureißen. Aber bald hatten sie eine neue Idee. Etwa 12 bis 14 von ihnen rasten während der Abendveranstaltung auf ihren Mopeds um das Zelt herum. Das gab natürlich einen Heidenspektakel. Für uns im Zelt machte das die Sache nicht einfacher. Aber wir hielten an unserem Programm fest.

Wir sangen zunächst viel und kräftig, und schließlich hörte der Krach tatsächlich auf. Ich hatte gerade mit meiner Ansprache begonnen, als die jungen Männer im Zelt erschienen. Sie marschierten nach vorn und setzten sich auf die einzige Bank, die noch frei war.

Zuerst feixten sie nur. Dann entdeckten sie die Liederbücher. Sie griffen danach und begannen, sie schön langsam und sorgfältig in kleine und kleinste Stücke zu zerreißen. Offensichtlich hatten sie es darauf angelegt, mich zu ärgern. Wahrscheinlich warteten sie darauf, daß mir der Kragen platzte und ich zu schimpfen begann. Das hätte ihnen Gelegenheit gegeben, zu zeigen, wie wenig sie sich daraus machten. Es wäre sicher ein schöner Spaß für sie gewesen.

Ich aber bat: »Herr, gib mir den längeren Atem und zeig mir, wie ich mich weise verhalten kann.« Und wirklich konnte ich meine Predigt zu Ende führen, ohne mich irritieren zu lassen. Nach Beendigung der Veranstaltung traten die jungen Leute auf mich zu und erklärten spöttisch: »Sie mit Ihrem lieben Gott – den gibt's ja gar nicht!« Und ihrer Sache sicher, fuhren sie fort: »Beweisen Sie uns doch Ihren Gott, bitte sehr!«

»Ich will es versuchen«, gab ich zur Antwort, »aber jeder von euch muß mir ehrlich zwei Fragen mit ›ja‹ oder ›nein‹ beantworten.«

»Na, wenn's weiter nichts ist«, erklärten sie großspurig, »das sollen wir wohl schaffen.«

Daraufhin stellte ich ihnen die erste Frage: »Habt ihr im Laufe des letzten Jahres mal in irgendeiner Kirche einen Gottesdienst besucht?«

Da wurde einer nach dem anderen rot vor Verlegenheit. Aber dann gab doch jeder zu, daß er ein- oder mehrere Male in der Kirche gewesen sei.

Nun stellte ich ihnen meine zweite Frage: »Habt ihr in der letzten Zeit einmal gebetet? Vielleicht in einer schwierigen Situation oder nur so aus Gewohnheit?«

Einige begannen nervös mit den Füßen im Sand zu scharren. Aber wieder gab einer nach dem anderen, wenn auch verlegen, zu: »Ja, hin und wieder habe ich das getan.«

»Und ihr wollt von mir noch einen Gottesbeweis verlangen?« stellte ich sie nun zur Rede, »wo ihr doch ganz offensichtlich alle davon überzeugt seid, daß es diesen Gott gibt! Denn wer wirklich nicht an Gott glaubt, der geht nicht in die Kirche, und dem fällt es erst recht nicht ein, zu beten. Ihr aber habt beides getan. Wolltet ihr eigentlich bloß mal zeigen, was für starke Burschen ihr seid?«

Mit einemmal hatte sich die Situation verändert. Alle Wichtigtuerei war wie weggefegt, wir konnten offen miteinander reden. Ich wollte, ich hätte immer so aufmerksame Zuhörer wie in dieser »Nachversammlung«. Viele von ihnen kamen an den nächsten Abenden wieder. Störungen aber gab es keine mehr.

»Wir wollen diskutieren!«

Ich war mitten in meiner evangelistischen Ansprache, als ein Trupp junger Matrosen ins Missionszelt gestürmt kam. Ihre Bierflaschen schwenkend, verlangten sie lauthals, ich solle mit meiner Predigt aufhören.

»Wir wollen diskutieren!« forderten sie immer wieder.

Einige Zeltbesucher begannen unruhig zu werden. Bei anderen bemerkte ich Anzeichen dafür, die Unruhestifter mit sanfter Gewalt an die Luft zu setzen. Trotz der Zwischenrufe fuhr ich mit meiner Ansprache fort und gab den Zuhörern zu verstehen, daß sie ruhig bleiben und Geduld bewahren möchten. Sie ließen sich auch wirklich beruhigen, doch den Störenfrieden platzte schließlich der Kragen.

»Wir verlangen eine Diskussion!« schrie einer von ihnen erbost. »Wir leben doch in einer Demokratie.«

Diesen Einwand griff ich auf: »Da wir in einer demokratischen Ordnung leben«, sagte ich, »wollen wir auch in diesem Fall demokratisch handeln. Beim demokratischen Prinzip kommt es auf die Mehrheit an. Und da die Mehrheit der hier anwesenden Besucher meine Ansprache hören will, werde ich diese zuerst zu Ende bringen; anschließend bin ich gern bereit, mit euch zu diskutieren. Einverstanden?«

Sie nickten, setzten sich hin und hörten bis zum Schluß aufmerksam zu. Nach Beendigung der Veranstaltung erklärte ich dann, daß ich nun bereit sei, mit ihnen zu diskutieren. Aber da meinten sie: »Wir haben während ihres Vortrags soviele Antworten erhalten, daß zur Diskussion eigentlich nicht mehr viel übrig bleibt.«

Wir führten dennoch noch ein langes, gutes Gespräch miteinander. Sie luden mich sogar ein, bei ihnen in der Schifferschule zu sprechen: »So hat man uns die Sache mit Jesus noch nie erklärt«, sagten sie.

Die Steine der Inkas

Konfrontation mit unserer Vergänglichkeit

Anläßlich einer Evangelisationsreise durch Südamerika im Sommer 1978 hatte ich Gelegenheit, in Peru zwei alte Stätten der Inka-Indianer zu besichtigen: Machu Picchu (sprich: »matschu pitschu«) und Cuzco (sprich: »kussko«). Für mich ging damit ein lang gehegter Wunsch in Erfüllung. Und ich habe bei dieser Gelegenheit auch für mein Christsein manches gelernt.

Machu Picchu

Man bezeichnet diesen Ort als die legendäre »vergessene Stadt« der Inkas, die von den Spaniern nie gefunden wurde. Sie liegt 2500 m hoch in den Bergen. Erst im Jahr 1911 entdeckte sie der Amerikaner Hiram Binkham. Bevor die Stadt der Allgemeinheit zugänglich gemacht werden konnte, mußten jahrhundertealte Pflanzenüberwucherungen entfernt werden.

Viele Fragen im Blick auf Machu Picchu sind bis heute ungeklärt. War es die letzte Zufluchtsstätte der Inkas, »die Stadt der Götter und Sonnenjungfrauen«?

In Machu Picchu gibt es keine Ruinen zu besichtigen wie an anderen historischen Plätzen. Hier trifft man auf verlassene Tempel, Gefängnisse, Opferstätten, Sternwarten und Wohnhäuser, wie sie vor vielen Jahrhunderten gebaut wurden; nur die ehemals strohgedeckten Dächer sind vermodert. Man betritt riesige Terrassen, die an steilen Berghängen errichtet sind und einmal dem Anbau von Kartoffeln und Mais dienten. 400 m tiefer sieht man die Windungen des Urubambaflusses, der sich auf seinem Weg zum Amazonas entlang des Bergmassivs hinzieht. In den Bergen haust noch der Puma; der tropische Pflanzenwuchs reicht hier bis in eine Höhe von 3000 m.

Machu Picchu gilt als die größte archäologische »Sehenswürdigkeit« Perus. Die verlassene Stadt fasziniert den Besucher. Aber sie stimmt zugleich nachdenklich. Vor langer Zeit herrschte hier blühendes Leben. Straßen, Plätze und Häuser waren von Menschen erfüllt, die ihren Geschäften nachgingen und ihre Aufgaben genau so wichtig nahmen wie wir die unseren. Heute sind nur noch die Steine übrig.

Maccu Picchu konfrontiert mit der Vergänglichkeit des Menschen: »Wir haben hier keine bleibende Stadt« (Hebräerbrief Kap. 13, 14). »Die Welt vergeht« – »mit dem, was sie als Lust empfindet« (1. Johannesbrief Kap. 2, 17). Für den Christen aber ist das keine deprimierende Endstation: »Wir haben hier keine bleibende Stadt, sondern die zukünftige suchen wir«, sagt der Schreiber des Hebräerbriefes (Kap. 13, 14) und verweist uns damit auf die neue Welt Gottes.

Cuzco

Mehr als 3400 m hoch liegt diese Stadt in den Bergen, die heute fast 200000 Einwohner zählt, hauptsächlich Indios.

Einmal war Cuzco die Hauptstadt des mächtigen Inkareiches, das sich (nach dem Jahr 1000) über das Territorium der heutigen Staaten Kolumbien, Equador, Bolivien, Argentinien und Chile erstreckte.

Die Herrscher und Priester der Inkas regierten von hier aus über zwölf Millionen Menschen. Dabei respektierte man die Eigenheit der unterworfenen Völker, schrieb ihnen jedoch die Kechua-Sprache als Amtssprache und den Sonnenkult vor und verlangte die wirtschaftliche Eingliederung.

Handel mit Geld gab es damals noch nicht, und das Rad war unbekannt. Zur Übermittlung von Nachrichten bediente man sich einer Knotenschrift, zu der ganze Bündel von Schnüren verschiedener Länge und Farbe verwendet wurden. Man fertigte Stoffe und Keramiken an, verarbeitete Silber und Gold und verstand es, Bronze zu gießen. Das Gold war ausschließlich den Göttern vorbehalten.

Die alten Inkas verfügten über erstaunliche Kenntnisse in Astronomie, Mathematik, Medizin und Chirurgie. Mit Hilfe eines Systems von Staffelläufern konnte eine Nachricht (trotz Urwald und Gebirge) an einem Tag 400 km weit befördert werden. Für Notsituationen hatte man staatliche Vorratslager eingerichtet. Die Architektur der wenigen Städte wies monumentalen Charakter auf. Zur Errichtung gewaltiger Bauwerke und Statuen wurden riesige Steine verwendet, deren Transport- und Bearbeitungsmethoden bis heute nicht völlig geklärt sind.

1535 vernichteten die Spanier das Inka-Reich; sie zerstörten die alte Stadt und bauten auf den geschleiften Grundmauern eine neue. An die Stelle der Sonnentempel traten Kirchen, aber innerhalb und außerhalb der Stadt finden sich bis heute Reste der alten Tempelanlagen. Charakteristisch für diese Tempelbauten sind die monumentalen Mauern, die aus riesigen Steinen ohne Verwendung von Mörtel fugenlos errichtet wurden. Der größte je verarbeitete Stein mißt 9 x 5 x 4 m und soll 350 t wiegen.

Die Steinmauern von Cuzco erinnerten mich an ein Bild, das im Neuen Testament für die christliche Gemeinde gebraucht wird: »Erbauet auch ihr euch als lebendige Steine zum geistlichen Haus und zur heiligen Priesterschaft, zu opfern geistliche Opfer, die Gott angenehm sind durch Jesus Christus« (1. Petrusbrief Kap. 2, 5).

Für Christus sind nicht unsere schönen Kirchen und Gemeindehäuser entscheidend. Ihm geht es darum, einen

Tempel aus Menschen zu bauen, in dessen »Mauern« jedem Christen als »lebendiger Stein« sein Platz zugewiesen ist.

Die Inka-Steine sind von verschiedener Form und Größe, von unterschiedlichem Gewicht; an einem der auffallendsten hat man bis zu zwölf Ecken und Winkel gezählt. Jeder Stein ist also ein Original; keiner gleicht dem anderen. Und doch ist jeder einzelne so behauen, sind sie so aufeinander abgestimmt, daß die ohne Mörtel zusammengefügten Mauern die Jahrhunderte überstanden und auch durch Erdbeben nicht zum Einsturz gebracht wurden. Nur wenige Steine konnten herausgebrochen werden.

Auch in der Gemeinde hat jeder Christ als »lebendiger Stein« seinen ganz bestimmten Platz. Und auch die Christen sind sehr verschieden: nach Alter und Geschlecht, Herkunft, Prägung und Gewohnheiten, nach Geschmack, Fähigkeiten und Gaben. Jeder Christ soll ein Original Gottes sein. Denn gerade als Original trägt er zur Bereicherung der Gemeinde bei.

Christliche Originalität aber bedeutet nicht Einzelgängertum. Nur zusammen ergeben die Vielen eine Mauer. Wer sich absondert, hinterläßt im Tempel Gottes eine Lücke und verhindert damit, daß Gemeinde Jesu reibungslos »funktioniert«.

Wie die Baumeister der Inkas ihre Steine behauen haben, so muß auch Gott an seinen Leuten arbeiten und sie in seinen Tempel einpassen. Hinderliche Ecken und Kanten müssen weggemeißelt werden. Gott verfügt dazu über verschiedene Werkzeuge: er gebraucht das Wort der Bibel, die Korrektur innerhalb der Gemeinde, das Leid und besondere Führungen und Lebenserfahrungen.

Und noch etwas ist mir aufgefallen: Bei den Inka-Mauern spielt es keine Rolle, ob ein Stein klein oder groß ist; jeder ist wichtig.

Auch bei den Christen in der Gemeinde ist es im Grunde unwesentlich, ob man jemanden für »groß« oder »klein« hält. Entscheidend ist allein, daß er den Platz einnimmt, den Gott ihm aufgrund seiner Gaben und Fähigkeiten zugewiesen hat. Damit entfällt zugleich jedes Urteil über den anderen, über die Bedeutung seiner Originalität, seiner Fähigkeiten und Gaben. Christen sollen einander nicht bewerten, sondern lieben: »Einer achte den anderen höher als sich selbst« (Philipperbrief Kap. 2, 3).

Jeder von uns ist gedacht als lebendiger Stein in Gottes Tempel. Wir wollen bereit sein, uns die Ecken und Kanten abschleifen zu lassen, damit wir in »Gottes Mauer« passen. Wir wollen zu der uns bestimmten Platzanweisung »ja« sagen und da, wo Gott uns hingestellt hat, für ihn arbeiten.

Straße der Strömungen

Die Avenida Corrientes symbolisiert die Stationen des Lebens

Sie gehört zu den bekanntesten Straßen von Buenos Aires, beginnt am Hafen und führt von dort 7,5 km durch die argentinische Hauptstadt. Der Folkloresänger Carlos Gardell hat in dieser Straße gelebt und sie immer wieder besungen.

Große Hotels – großes Leben?

Ihren Anfang nimmt die Avenida mit den großen Hotels des Hafenviertels; eleganten, prunkvollen – und zweitklassigen. Sie beginnt mit dem großen Leben; aber – wie die Hotels – kann das Leben manchmal nicht halten, was die äußere Fassade verspricht.

Zudem gehen die Vorstellungen darüber, was die Größe eines Menschen ausmacht, auseinander. Dem einen erscheint das Bombastische gering, ein anderer fühlt sich in der Zweitklassigkeit als König; den unterschiedlichen Wertvorstellungen entsprechend variieren die Fassaden.

Scheinwelt als Realität: Nachtklubs und Kinos

Aber die Menschen, die durch derart unterschiedliche Auffassungen gekennzeichnet sind, treffen sich. Vielleicht im »Luna-Park«, der zu vielerlei Veranstaltungen, vor allem zu großen Boxkämpfen einlädt. Hier starren die Leute, die sich auf unterschiedliche Art nach oben durchzuboxen versuchen, Schulter an Schulter auf die Matadore im hellerleuchteten Boxring. Was sie trennt, wird durch das Dunkel verdeckt. Wenn die Scheinwerfer über der Kampfarena verlöschen, brennen sie in der

Avenida weiter; denn nun schließen sich die Theater und Kinos, die Restaurants und Nachtklubs an. Flimmer, Lichterrabatten – Scheinwelt und doch Realität: denn hier erholt man sich vom täglichen Kampf, sucht Vergnügungen und Entspannung. Aber vielleicht bleibt auch hier leeres Bühnenbild, Szene ohne Applaus, was als das »große« Leben gedacht war.

Verlorene Ideale?

Doch so schnell gibt der Mensch auch nach einer Enttäuschung nicht auf. Schließlich verfolgt er Ziele, Ideale, Traditionen. Und die Straße sorgt dafür, daß sie einen neuen Fixpunkt bekommen: den Mittelpunkt der City bildet der Obelisk, das Denkmal. Stolz und Ehrgeiz appelieren hier an den Ermüdenden, fordern neue Impulse heraus.

Der Mensch, der in der Avenida lebt, hat das nötig; denn um das Denkmal pulsiert der wirtschaftliche Alltag, Geschäft reiht sich an Geschäft. Es folgen Großhandelsfirmen, vor allem die Textilindustrie hat hier ihre Niederlassungen. Aus den Lagerhäusern der Lebensmittelgrossisten rollt Lieferwagen um Lieferwagen und versorgt Läden und Verkaufsstellen in Stadt und Land. Je weiter man die Avenida allerdings entlanggeht, um so bescheidener werden die Geschäftshäuser, Rost zeigt sich an den Firmenschildern, Putz bröckelt von den Wänden.

Der große Kampf um das kleine Leben

Hier bleibt die Weltstadt zurück. Unter die internationalen Schlager, die aus den Türen der offenen Gaststätten dringen, mischt sich immer stärker der »argentinische Tango«, die charakteristische Melodie des eigenen Landes.

Die Armut wird sichtbarer, das Ringen um die Existenz

bleibt nicht länger verdeckt. Nun sind es nicht mehr stattliche Geschäftshäuser, die den Straßenrand säumen, sondern Lagerhallen, Schuppen und kleinere Werkstätten; hier findet der große Kampf um das kleine Leben statt.

Vielleicht ist mancher darunter, der einmal weiter vorn in der Straße begonnen hat. Hier baut man nicht mehr hoch und optimistisch; man ist bescheiden geworden. Vorne am Hafen, da repräsentiert man noch glanzvoll und dynamisch, hier schleppt sich tägliche Mühsal dahin, findet in einer langen Reihe verfallender Bauten sichtbaren Ausdruck.

Die Reichen wohnen vorn und hoch und verdecken ihren Kummer mit Brillanten. Den Armen gehört die lange Wegstrecke im Hintergrund; sie legen keinen Wert mehr darauf, ihr Elend krampfhaft zu verbergen.

Nach der letzten Werkstatt beginnt ein großer Park. Auf seinen Bänken sitzen die, die die Stationen der Avenida durchlaufen haben: die Invaliden und die Alten. Um sie ist es still geworden. Die Geräusche der City drängen nicht bis nach hier heraus. Die Alten stützen sich auf ihre Stöcke und lassen die müden Körper von ein paar Sonnenstrahlen erwärmen.

Den Abschluß der Straße bildet ein Friedhof. Er ist die unweigerlich letzte Station.

Vergebliche Mühe?

Wenn man als Christ durch diese Straße geht, empfindet man ihre »Strömungen« vielleicht intensiver. Siebeneinhalb Kilometer ist die Straße lang – »Unser Leben währt 70 Jahre«, sagt der Psalmist, »und was daran köstlich scheint, ist doch nur vergebliche Mühe« (Psalm 90, 10). Auch das scheinbar Kostbare erweist sich als vergeblich, im Leben der Reichen ebenso wie im Leben der Armen; »denn es fährt schnell dahin, als flögen wir davon«.

Wer will überhaupt klug werden?

Alle Phasen und Variationen von Leben, die sich in dieser Straße darstellen, sind davon gekennzeichnet; und vom vergeblichen Bemühen, dieser Erkenntnis auszuweichen.

»Lehre uns bedenken, daß wir sterben müssen, auf daß wir klug werden« – betet der Psalmist, aber wer mag ihm das heute nachsprechen? Wir möchten viel lieber durch das klug werden, was uns das Leben bietet. Der Gedanke an den Tod behagt uns nicht, daraus erwachsene Klugheit erscheint uns verdächtig.

Von gestern bis morgen?

Von da, wo die Avenida am Hafen beginnt, kann man ihr Ende nicht einsehen; ist nicht auch das bezeichnendes Gleichnis? Auch für uns zählt immer der gerade überschaubare Lebensabschnitt, das Heute.

Aber für den Christen erschließt sich eine Möglichkeit, Anfang und Ende in das Heute einzubeziehen. Das geschieht dann, wenn wir all das, was sich in der Avenida Corrientes als vielfältiges Leben darstellt, jener anderen Kategorie von Leben unterordnen, die in Jesus Chrisus verkörpert ist.

Wenn ich mit ihm lebe, ordnet sich meine Vergangenheit, verliert sie durch seine Vergebung ihre bedrückenden Schatten. Er hilft mir, das Heute, das wir als das »wahre« Leben bezeichnen, mit seiner Kraft zu bewältigen. Und meine Zukunft reicht dann über den Friedhof am Ende der Straße weit hinaus. Bis in seine neue Welt, die die Bibel als »ewige Herrlichkeit« bezeichnet.

»Lord, bless my sins«

Ich war bei einer kinderreichen, amerikanischen Familie zu Gast. Der vierjährige Keith war einer der jüngsten, ein drolliger, kleiner Bursche, der durch sein munteres Verhalten oft alle zum Lachen brachte.

An den Gebetsgemeinschaften der Familie nahmen auch alle Kinder teil. Selbst der kleine Keith nahm die Sache ernst. Oft steuerte er selbst ein kurzes Gebet bei, das dann meistens sehr originell war. Es kam öfter vor, daß er dabei Worte und Redewendungen gebrauchte, die er von den Älteren aufgeschnappt hatte, deren Bedeutung er aber noch nicht kannte. So betete er einmal laut und unbekümmert: »Lord, bless my sins« (Herr, segne meine Sünden).

Alle, vor allem die übrigen Kinder, konnten nur mit Mühe ein Lachen unterdrücken. Als das letzte »Amen« gesprochen war, prusteten sie los: »So ein komisches Gebet betet man doch nicht!«

Keith hatte mit seinen vier Jahren die Begriffe »Sünde« und »Segen« in einem falschen Zusammenhang gebraucht, weil er sie noch nicht verstand. Niemals würden erwachsene Christen so beten! Das käme ja einer Gotteslästerung gleich.

Natürlich gebrauchen wir die Worte nicht – aber bitten wir Gott dem Sinn nach nicht manchmal um dasselbe, wenn wir einen eigenen Weg gehen, der vor Gott Ungehorsam und Sünde ist? Vielleicht wissen wir sehr genau, daß das, was wir vorhaben, nicht Recht ist, und beten dennoch: »Herr, segne mich und das, was ich vorhabe.«

Ich will ein solches Gebet nicht beurteilen. Vielleicht kann Gott es in seiner Barmherzigkeit dazu benutzen, um uns zu korrigieren. Eins aber kann Gott nicht: die Wege unseres Ungehorsams segnen.

Der Prophet Jesaja mußte im Auftrag Gottes mit solchen Leuten ins Gericht gehen, die zwar beteten, aber dennoch bewußt an ihrer Sünde festhielten: »Siehe, des Herrn Arm ist nicht zu kurz, daß er nicht helfen könnte, und seine Ohren sind nicht hart geworden, so daß er nicht hören könnte, sondern eure Verschuldungen scheiden euch von eurem Gott, und eure Sünden verbergen sein Angesicht vor euch, daß ihr nicht gehört werdet« (Jesaja Kap. 59, 1–2).

Gott weiß, daß wir eigensinnige Herzen haben. Er geht uns nach. Immer wieder redet er sein alttestamentliches Bundesvolk an und ruft es auf den rechten Weg zurück.

Gott will uns helfen. Er will nicht, daß wir am Rande des Christseins, am Rande seines Segens ein Leben auf Sparflamme führen. Es tut ihm weh, wenn wir uns müde dahinschleppen. Er will nicht, daß wir mit unserem Christsein »gerade eben« durchkommen.

Jesus sagt: »Ich bin gekommen, daß sie das Leben und volle Genüge haben sollen« (Johannesevangelium Kap. 10, 11). Und Jesus macht nicht nur schöne Worte. Er meint, was er sagt.

Die Fleckenpaste

Auf der Fahrt zu einer Evangelisation mußte ich eine Fähre benutzen, um den Rhein zu überqueren. Ich stellte mein Auto ordnungsgemäß auf dem Wagendeck ab und stieg aus. Dabei muß ich wohl einem daneben parkenden Lastwagen zu nahe gekommen sein. Denn mein heller Mantel, ein Prachtstück, auf das ich ziemlich stolz war, wies plötzlich einen alles andere als dekorativen Öl- und Teerfleck auf.

Als ich es entdeckte, zuckte ich zusammen. Das schöne gute Stück! Aber das war es nicht allein; ich kam dazu in eine peinliche Situation: schließlich konnte ich als Evangelist doch nicht mit einem solchermaßen »verzierten« Mantel auftreten, die Leute würden das kaum für ein neues Stoffmuster halten.

Ich wußte mir keinen Rat und muß wohl ein ziemlich dummes Gesicht gemacht haben; denn ein Mitarbeiter, der mein Mißgeschick miterlebt hatte, meinte mit einem tröstenden Tonfall in der Stimme: »Da mach' dir mal keine Gedanken. Es gibt doch jetzt diese wunderbare Fleckenpaste, die man in jeder Drogerie kaufen kann. Damit hast du den Schaden schnell behoben.«

Ich dankte dem Mann gerührt, sah plötzlich wieder neue Hoffnung und strebte, sobald wir das andere Rheinufer erreicht hatten, der nächsten Drogerie zu, um das mir empfohlene Wundermittel zu erstehen!

Abends im Quartier hatte ich dann Zeit, mich eingehend mit der Sache zu beschäftigen. Ich studierte sorgfältig die Gebrauchsanweisung und hielt mich streng an die darin enthaltenen Instruktionen. Zunächst mußte man den Fleck intensiv mit der Paste bestreichen. Über Nacht hatte das Zeug Zeit genug, seine Arbeit zu verrichten und zu trocknen.

Am nächsten Morgen bearbeitete ich dann meinen Mantel, wiederum genau nach der Gebrauchsanweisung, eingehend mit der Bürste. Und siehe da, es zeigte sich ein Ergebnis: der Schmutzfleck war immer noch drin – nur die Farbe des Mantels war ringsherum ausgebleicht.

So einfach ist das offensichtlich nicht mit den Wundern, selbst wenn es sich nur um einen Fleck im Mantel handelt. Anstatt den Schaden zu beheben, hatte ich ihn vergrößert. Schließlich kam ich auf die Idee, eine chemische Reinigung aufzusuchen. Dieser Gedanke war wirklich gut, er hätte mir nur früher einfallen sollen. »Wenn Sie gleich zu uns gekommen wären«, klärte man mich auf, »hätten wir den Fleck anstandslos entfernen können. Jetzt ist der Mantel verdorben, da läßt sich leider nichts mehr machen.«

So ähnlich wie ich mit meinem Mantel verhalten sich manche Menschen im Blick auf ihre Sünde. Schuld, wenn man sie erst erkannt hat, macht unruhig; man weiß, daß etwas nicht stimmt; sie stört Harmonie und Frieden, hindert Gottes Segen in unserem Leben.

Viele Menschen werden dadurch nervös wie ich auf der Fähre. Sie wollen Abhilfe schaffen, die Schuld aus eigener Kraft auslöschen, den Schaden selbst beheben. Und dann fangen sie an, mit eigenen »Pasten« herumzupfuschen: man strengt sich an, ein besserer Mensch zu sein. Man spendet Geld für christliche Zwecke und möchte die nicht mehr ganz »reine Weste« mit Hilfe guter Taten wieder weiß waschen. Ein bißchen Religiosität, so meinen viele, müsse da doch Wunder wirken.

Aber Jesus und die Apostel sagen ein eindeutiges »Nein« zu jeder Art von Selbsterlösung. Wenn wir mit unserer Sünde und dem daraus sich ergebenden Schuldproblem selbst fertigwerden könnten, hätte sich Jesus auf dem Hügel Golgatha wahrhaftig nicht um unseretwillen kreuzigen lassen brauchen.

Wer an sich selbst herumdoktert, der verschlimmert nur seine Lage. Wenn er versucht, aus eigener Kraft vor Gott »besser« zu werden, so geht das immer schief. Er kommt Gott dadurch nicht näher, sondern verbaut sich stattdessen den Zugang zu ihm.

Wer versucht, seine Sünde durch eigene »Erfindungen« und Anstrengungen aus der Welt zu schaffen, dem ist noch nicht aufgegangen, um was für eine todernste Sache es sich bei seiner Sünde handelt. Sie ist größer als er, und er ist damit hoffnungslos überfordert.

Aber er hat auch etwas anderes noch nicht begriffen: nämlich, daß Gott, gerade weil die Sünde eine so ernste Sache ist, das Sündenproblem für den Menschen ein für allemal umfassend und endgültig gelöst hat. Durch Jesus, der an unserer Statt, um unserer Sünde willen das Gericht Gottes auf sich nahm und unseren Tod erlitt.

So ernst ist das mit der Sünde, so hilflos sind wir ihr gegenüber, und so einfach hat es Gott für uns gemacht: er hat durch Jesus getan, was wir nie hätten tun können. Johannes schreibt in seinem 1. Brief: »Das Blut Jesu Christi, seines Sohnes, macht uns rein von aller Sünde« (Kap. 1, 7).

Wenn der Ofen nicht brennt

Einmal führte ich im Winter eine Evangelisation in einer Kirchgemeinde durch. Am Vormittag traf ich mich mit dem Ortspfarrer in dessen Amtszimmer; wir wollten einige Dinge im Blick auf die Abendveranstaltung besprechen und miteinander beten, aber in dem Raum herrschte eine eisige Kälte.

Der Pfarrer entschuldigte sich deswegen und erklärte mir, daß der Ölofen, den er in diesem Zimmer stehen habe, bisher immer wunderbar geheizt hätte; aber nun sei offensichtlich die Ölzuleitung verstopft.

»Ich werde das morgen früh gleich in Ordnung bringen«, versicherte er mir, »dann können wir hier wieder gemütlich zusammensitzen.«

Und so geschah es auch. Schon am frühen Morgen reinigte er den Ofen. Als wir uns später trafen brannte er ordnungsgemäß, und im Raum war es angenehm warm. Was nutzt schon ein Ofen, wenn er nicht brennt?

Nun ist eine solche Schwierigkeit bei einem Ofen relativ leicht zu beheben. Mir aber fielen bei dieser Gelegenheit die vielen Christen ein, die mit einem ganz ähnlichen Problem zu tun haben. Sie haben das neue Leben einmal voll Freude und aktiv begonnen. Sie wußten, daß ihre Schuld vergeben war und »brannten« für Gottes Sache. Heute gleicht mancher von ihnen einem solchen verstopften Ofen.

Ein gewisse christliche Form ist noch da, und man hält auf Tradition. Man weiß auch noch, wo die entscheidenden Sätze im Neuen Testament stehen, und theoretisch kann man sehr genau erklären, worauf es im Leben eines Christen ankommt.

Aber irgendwann und irgendwo hat sich im Leben dieser Christen Sünde eingeschlichen, die nicht bekannt und bereinigt wurde. Zunächst war da nur ein kleines Loch, aber durch diese winzige Öffnung drängten Dinge nach, die im Leben eines Christen keinen Platz haben. Der Heilige Geist wurde betrübt; er konnte in das Leben dieser Menschen nicht mehr hineinsprechen und hineinwirken. Die Leitung war »verstopft«.

Der innere Friede, der diese Menschen ausgezeichnet hatte, wurde immer mehr durch andere Dinge verdrängt und überlagert. Die Freude an Jesus verblaßte. Man war nicht mehr gedrängt, mit anderen über Jesus zu sprechen, die Kraftwirkungen Gottes im eigenen Leben ließen nach. Und schließlich war man nicht einmal mehr sicher, ob man auch zu den Menschen Gottes gehörte. In eine solche Situation kann ein Christ durchaus geraten; vermutlich weiß das mancher aus eigener Erfahrung. Es ist ein erbärmlicher Zustand, der mit dem Leben, das Gott uns zugedacht hat, nur noch wenig gemeinsam hat.

Wenn es mit uns so weit gekommen ist, dann hilft – wie beim Ofen – nur noch eins: die Reinigung. Die Bibel zeigt Christen, die so in Sünde gefallen sind, den rettenden Ausweg. Johannes schreibt: »So wir aber unsere Sünden bekennen, so ist er (Jesus) treu und gerecht, daß er uns die Sünden vergibt und reinigt uns von aller Untugend« (1. Johannesbrief Kap. 1, 9). Wer Jesus seine Sünde sagt und dieser Zusage vertraut, der wird erfahren, wie es in seinem Leben wieder lebendig wird, wie der Ofen wieder »zu brennen« beginnt. Der Heilige Geist wird mit neuer Kraft in seinem Leben wirksam sein; er wird als Christ anderen wieder etwas zu sagen und zu geben haben.

Etwa eine Woche später hatte ich in einer anderen Stadt ein ganz ähnliches Erlebnis. Auch hier traf ich mich mit dem Pfarrer, den ich gut kannte, in dessen Amtszimmer. Und das war genau so kalt wie das seines Kollegen. Auch er entschuldigte sich, daß es bei ihm so ungemütlich sei.

Ich dachte an das Erlebnis vor einer Woche und fragte scherzhaft: »Na, ist Ihr Ofen auch verstopft?«

Aber da hob er abwehrend die Hände: »Nein, nein!«, erklärte er, »daran liegt es nicht. Dieser Ofen hat noch nie gebrannt.«

Nun wurde ich neugierig und erkundigte mich: »Wie kommt das denn? Hat er keine Zuleitung oder ist Ihr Öltank noch nicht gefüllt?«

Wieder schüttelte der Pfarrer den Kopf: »Es ist alles vorhanden«, gab er mir zu verstehen, und forderte mich dann auf: »Aber schauen Sie doch mal selber nach.«

Nun betrachtete ich mir den neuen Ofen eingehend von allen Seiten. Es war ein gutes Stück. Er konnte einem schon imponieren. Dann endlich entdeckte ich das Problem: Die Ölzuleitung reichte kurz bis an den Ofen heran, aber der Anschluß fehlte. Da konnte natürlich kein Öl in den Ofen gelangen.

»Ich bin dauernd hinter den Handwerkern her«, klagte der Pfarrer, »damit sie mir das Anschlußstück einsetzen. Aber Sie wissen ja, wie das ist«, seufzte er, »hoffentlich kommen sie bald!«

Und wieder drängte sich mir ein Vergleich auf: Es gibt Menschen, deren Christsein ist so ähnlich wie ein schöner neuer Ofen. Man kennt sie als anständige Leute, und auf manchen Gebieten sind sie anderen ein Vorbild. Sie sind getauft und konfirmiert und gehen regelmäßig zum Gottesdienst.

Aber in ihrem Leben ist nichts lebendig; es »brennt« nichts, weil das Anschlußstück fehlt. Die Verbindung zu Jesus Christus ist nicht da. Sie befinden sich zwar im Lebensraum der christlichen Gemeinde, aber sie sind zu dem neuen Leben in Christus noch nicht durchgedrungen. Das entscheidend Neue in ihrem Leben, die »neue Geburt« steht noch aus.

Aber wo ein Mensch noch nicht bis zu Jesus Christus selbst vorgestoßen ist, ihm sein Leben noch nicht anvertraut hat, da fehlt ganz einfach das Anschlußstück. Der Heilige Geist kann mit seinen Kraftwirkungen in das Leben dieses Menschen noch nicht hinein.

Was fehlt, ist völlig klar: es geht um den konkreten »Anschluß« an Jesus. Ein noch so schönes äußerlich-formales Christentum taugt so wenig wie ein neuer Ofen – wenn das Anschlußstück fehlt. Und der Anschluß bedeutet: daß Jesus Christus Heiland und Herr in diesem Leben wird.

Abergläubisch?

Ich war dienstlich im Ruhrgebiet gewesen und wollte am Abend eigentlich noch nach Hause fahren. Aber es war dichter Nebel aufgekommen, und ich beschloß, lieber in einem Hotel zu übernachten.

Bald entdeckte ich eine entsprechende Neonreklame, betrat die Empfangshalle und fragte den Mann an der Rezeption, ob er noch ein einfaches Zimmer frei habe.

Er sah mich prüfend an und fragte dann: »Sind Sie abergläubisch?«

»Warum?« wollte ich wissen. »Sehe ich so aus?«

»Nein, nein«, wehrte er verlegen ab, »aber ich habe nur noch ein Zimmer Nr. 13 frei, und viele Gäste lehnen es ab, darin zu übernachten.«

Nun, ich konnte dem Mann versichern, daß dies kein Grund für mich sei, das Zimmer abzulehnen. (Vielleicht hätte ich die Situation ausnutzen und den Zimmerpreis herunterhandeln sollen.) Jedenfalls habe ich in jener Nacht ungestört und gut geschlafen.

Aus einer Statistik geht hervor, daß 70 % der Hotelgäste abergläubisch sein sollen. Deshalb findet man in vielen Hotels gar kein Zimmer Nr. 13. Man bezeichnet es als Zimmer Nr. 12a oder überspringt die 13 ganz. Abergläubische Menschen befürchten, daß diese Zahl ihnen Unglück bringen könne.

Nun sind die Hotelzimmer mit der Nr. 13 nur ein Symptom dafür, wie weit in unserer Zeit der Aberglaube verbreitet ist. Viele Menschen suchen Rat und Hilfe bei Wahrsagern, Pendlern und anderen Zukunftsdeutern. Man hängt sich Amulette und Medaillons mit Tierkreiszeichen um, in der Hoffnung, dadurch Glück zu haben. Wenn in einer Zeitschrift einmal das Horoskop ausfällt, hagelt es von allen Seiten Proteste; viele Menschen richten danach ihr Leben ein.

Einen Schornsteinfeger betrachtet man als Glücksbringer, während man sich vor Spinnen und schwarzen Katzen fürchtet, vor allem, wenn letztere einem von links nach rechts über den Weg laufen, weil dies angeblich Unglück bedeute. Von einem Maskottchen, das man am Rückspiegel des Autos aufhängt, erhofft man Schutz vor Verkehrsunfällen. Man klopft auf Holz, ruft »toi, toi, toi« und meint, dadurch das Böse fernhalten zu können. Und Heilung von Krankheit suchen nicht wenige durch Besprechung.

Viele Menschen achten auf sogenannte Glücks- und Unglückstage. Fällt der 13. eines Monats auf einen Freitag, so unternehmen sie nichts in der Furcht, es könnte ein Unglück geschehen. Andere hoffen, sich das Glück durch Verschicken von Kettenbriefen geneigt zu machen.

Es gibt jedoch noch schlimmere Formen des Aberglaubens, und viele Tausend sind heute in sie verstrickt. Sie benutzen okkulte Literatur wie zum Beispiel das 6. und 7. Buch Mose (die mit der Bibel nicht das Geringste zu tun haben) und verwenden daraus gräßliche Zauberformen. Spiritistische Zirkel entstehen überall im Land und werden von vielen Menschen besucht. Auch die Vertreter religiöser Lehren aus dem Fernen Osten haben großen Zulauf. In den Lehren gewisser Gurus, durch Yoga und Transzendentale Meditation meint man, Befreiung und die entscheidende Lebensveränderung zu finden.

Aber es ist die Welt der Dämonen, in die man sich damit begibt und deren Hilfe man in Anspruch nimmt. Man findet schon fast nichts mehr dabei und gibt es offen zu. »Das machen doch fast alle«, wendet man entschuldigend ein.

Die tiefe Tragik solchen Verhaltens wird sichtbar, wenn man diese Menschen auffordert, statt sich auf dunkle Machenschaften einzulassen, doch zu beten und auf die Hilfe Gottes zu vertrauen. Die Antwort besteht nicht selten in einem verächtlichen Lachen: »Das wollen Sie doch wohl nicht im Ernst von mir verlangen«, wenden sie ein, »schließlich bin ich ein aufgeklärter und denkender Mensch.«

Auch der Aberglaube ist nicht neu. Er wurde bereits in der Frühzeit des Menschen praktiziert. Gott hat die Menschen von Anfang an eindeutig davor gewarnt. Wer sich darauf einläßt, begibt sich unter einen Fluch: »Daß nicht jemand unter dir gefunden werde, der seinen Sohn oder seine Tochter durchs Feuer gehen läßt oder Wahrsagerei, Hellseherei, geheime Künste oder Zauberei treibt oder Bannungen oder Geisterbeschwörungen oder Zeichendeuterei vornimmt oder die Toten befragt. Denn wer das tut, der ist dem Herrn ein Greuel« (5. Buch Mose, Kap. 18, 10–12).

Die Folgen des Fluches äußern sich u. a. darin, daß Menschen, die sich auf diese Weise in Abhängigkeit des Teufels begeben, von diesem gequält werden. Das zeigt sich nicht selten in einer besonderen Form von Jähzorn, in dem Zwang zu fluchen, zu toben und zu schreien. Menschen, die auf diese Weise unter den Einfluß der Dämonie geraten sind, leiden oft unter Zwangsvorstellungen; sie sind besonders anfällig für sexuelle Ausschweifungen und tragen sich mit Selbstmordgedanken.

Oft äußert sich diese Form dämonischer Belastung auch in einer Abwehr gegen alles, was mit Gott und Gottesdienst zu tun hat. Die Bibel als Wort Gottes wird radikal abgelehnt. Manche bekommen Visionen, hören Stimmen und werden durch Spuk- und Poltergeister belästigt. Die Teilnahme bzw. die Inanspruchnahme okkulter Praktiken führt zu dämonischer Besessenheit. Solche Menschen sind dann gezwungen, Dinge zu tun, die sie von sich aus gar nicht tun wollen.

Gott sei Dank ist die Bindung an dämonische Mächte nicht die letzte Station. Jesus Christus ist gekommen, um »die Werke des Teufels zu zerstören« (1. Johannesbrief Kap. 3, 8). Wer Jesus Christus im Glauben als seinen Retter und Herrn annimmt, erfährt Befreiung aus seinen Gebundenheiten.

Allerdings gehört dazu, daß solche Menschen mit einem dazu bevollmächtigten Seelsorger sprechen und beten. Der Befreiung muß ein vollständiges Bekenntnis aller Praktiken des Aberglaubens vorausgehen, an denen man teilgenommen hat; zur vollständigen Befreiung gehört ein radikaler Bruch mit allen dunkeln Machenschaften, die Vernichtung aller evtl. damit in Verbindung stehenden Gegenstände.

Lukas berichtet, daß die Menschen, die sich in Ephesus mit Zauberei beschäftigten, sich so verhielten: »Sie bekannten und verkündigten, was sie getrieben hatten. Viele aber, die da Zauberei getrieben hatten, brachten die Bücher (Zaubereiliteratur) und verbrannten sie öffentlich« (Apostelgeschichte Kap. 19, 18–19).

Selbst ein Mann wie Goethe warnt davor, die Macht des Teufels zu unterschätzen. Es sind »Fürstentümer und Gewalten unter dem Himmel« (Epheserbrief 6, 12) mit denen wir hier zu tun haben. Durch seinen stellvertretenden Sühnetod am Kreuz aber hat Jesus alle Mächte und Gewalten unterworfen (Kolosserbrief Kap. 2, 15).

»Wenn euch . . . der Sohn frei macht, so seid ihr recht frei« (Johannesevangelium Kap. 8, 36).

Es fehlte nur ein Dachziegel

Das war eine böse Überraschung für den Hausbesitzer, als der Sturm das ganze Dach abgedeckt hatte! Beträchtlicher Sachschaden war entstanden. Das Schlimme aber war, daß der Hauseigentümer die Schuld daran gar nicht dem Sturm zuschieben konnte; er selbst war durch seine Leichtfertigkeit dafür verantwortlich.

Eines Tages hatte er entdeckt, daß im Dach ein Ziegel fehlte. Aber er hatte das nicht weiter ernst genommen. Das ist nicht so schlimm, dachte er. Es handelt sich ja nur um einen einzigen Stein. Bei passender Gelegenheit würde er ihn ersetzen.

Aber dann kam der Sturm. In der kleinen Lücke, die durch das Fehlen des einen Ziegels entstanden war, konnten die Windböen ansetzen. Es dauerte nicht lange, da fiel ein zweiter Ziegel heraus, dann ein dritter und ein vierter. Mit der Größe der Öffnung wuchs die Ansatzfläche für den Sturm. Mit Macht fuhr er unter das Dach und zerstörte es völlig. Eine kleine Ursache hatte schlimme Folgen.

Ganz ähnlich geht es uns nicht selten in unserem Leben. Der Teufel sucht die kleinen Lücken, die wir ihm offenlassen. Dort versucht er uns zu packen; und wenn wir nicht wachsam sind, kann er auf diese Weise im Leben eines Christen großen Schaden anrichten.

Oft beginnt sein Einfluß bei den kleinen, unscheinbaren Dingen: bei den Bildern, die wir ansehen; bei den Gesprächen, die wir mit anhören; oft setzt an diesen Stellen sein Einfluß ein.

Es fängt ganz harmlos an. Aber dann geht es wie beim Sturm: die kleine Einlaßöffnung bricht weiter auf, der

Teufel »packt« nachhaltiger zu. Kleine Sünden haben größere zur Folge. Die Harmonie unseres Lebens wird gestört. Die eigentlichen Freuden und Aufgaben unseres Lebens verschieben sich, das Ziel wird uns »verrückt«. Wir tun gar nicht mehr das, was wir eigentlich tun möchten; immer mehr gewinnen andere Kräfte auf unsere Gedanken und unser Verhalten Einfluß. Gott, der unser Leben groß anlegen, der es hell und fruchtbar machen will, ist in den Hintergrund getreten; zersetzende und zerstörende Kräfte sind in uns am Werk.

Dieser Vorgang ist keineswegs neu, sondern so alt wie der Mensch. Wir finden ihn bereits im biblischen Bericht über Adam und Eva im Garten Eden.

Gott hatte ihnen verboten, vom Baum der Erkenntnis zu essen, der Teufel jedoch beredete Eva, es dennoch zu tun. Ganz sicher wollte sie Gott gehorsam sein, aber der Teufel fand bei ihr eine »Lücke«. Irgendwie mag sie gedacht haben, sie könne ihr vollkommenes Glück noch ein wenig vollkommener machen. Sie hörte auf die Stimme. Sie sah sich die Frucht genauer an, und plötzlich fand sie sie schön und begehrenswert. War es denn nicht eine gute Sache, noch klüger zu sein? Und dann nahm sie von der verbotenen Frucht, aß davon und gab sie auch ihrem Mann. Sie hatte gedacht, noch etwas mehr »Glück« zu gewinnen – und verlor alles: das Paradies und die Gemeinschaft mit Gott.

Ähnlich erging es dem Israeliten Achan, von dem das Buch Josua berichtet (Kap. 7). Als das Volk begann, das Land Kanaan zu erobern, das Gott ihm als Wohnsitz versprochen hatte, bestimmte Gott, daß die gesamte Kriegsbeute ihm selbst vorbehalten bleiben solle.

Das Vergehen Achans bestand darin, daß er keinen Geringeren als Gott bestahl. Auch bei ihm muß da eine »Lücke« gewesen sein, die ihn nach mehr verlangen ließ, als Gott ihm zugeteilt hatte. Und diese Lücke bot dem

Teufel einen Ansatzpunkt. Auch hier gewann er schrittweise über Achan Gewalt. Achans eigenes Geständnis weist eine erstaunliche Parallele zum Sündenfall Evas auf. Er erklärt: »Ich sah; es gelüstete mich; ich nahm es . . . und verscharrte es in der Erde.« Stück um Stück hatte Achan sich vom Teufel betrügen lassen und verfiel daraufhin dem Gericht.

Auch dem bekannten König David erging es ähnlich. Er wird im Alten Testament als »ein Mann nach dem Herzen Gottes« bezeichnet. David liebte Gott. Er diente ihm und hat in vielfältiger Weise Gottes Hilfe erfahren.

Aber auch in seinem Leben gab es Stunden, wo seine Wachsamkeit nachließ und er dem Teufel eine »Öffnung« bot. Von dem flachen Dach seines Hauses aus beobachtete er eine badende Frau. Auch bei ihm begann es damit, daß er »sah«. Er schaute nicht weg, jedenfalls nicht früh genug. Er fand sie begehrenswert, und das Verlangen nach ihr gewann Macht über ihn. Obwohl jene Frau verheiratet war, ließ er sie zu sich holen. Und um sie ganz für sich zu gewinnen, veranlaßte er, daß ihrem Mann in der Schlacht eine Aufgabe zugewiesen wurde, die seinen Tod zur Folge hatte. So wurde David nicht nur zum Ehebrecher, sondern auch zum Mörder. Im Grunde hatte er das nie gewollt. Der biblische Bericht macht deutlich, daß er nachher lange Zeit darüber getrauert hat.

Der Apostel Petrus weiß um diese Gefahren, die auch auf den Christen lauern. Er schreibt »Seid nüchtern und wachet, denn euer Widersacher, der Teufel, geht umher wie ein brüllender Löwe und sucht, welchen er verschlinge. Dem widerstehet fest im Glauben!« (1. Petrusbrief Kap. 5, 8).

Christen sind Leute, denen Gott das kostbare Geschenk des neuen Lebens anvertraut hat: er will in ihrem Leben zunehmend seine eigenen Wesensmerkmale zur Entfaltung bringen. Er möchte, daß ihr Leben durch Frieden,

Freude, Liebe, Barmherzigkeit und Geduld bestimmt wird (Galaterbrief Kap. 5, 22). In dem Ausmaß, wie das geschehen kann, gewinnt unser Leben seine eigentliche Bestimmung, nimmt es für uns selbst und andere an Wert und Bedeutung zu.

Petrus macht uns darauf aufmerksam, daß dieser »Frucht« des Heiligen Geistes in unserem Leben Gefahren drohen. Der Gegenspieler Gottes haßt nichts und niemanden mehr als Christus; deshalb will er verhindern, daß unser Leben in sein Bild gestaltet wird.

Petrus warnt uns vor falscher Naivität. Wir sind nicht »standhafter« als der im Umgang mit Gott bewährte und erfahrene David. Deshalb gilt es, sorgfältig auf das zu achten, was wir »sehen« und was wir »hören«. Da liegen die kleinen, anfangs so harmlos erscheinenden Ansatzpunkte; aber hier entscheidet sich, ob unser Leben unter dem Einfluß Gottes bleibt, oder ob die Einflüsterungen des Teufels Macht über uns gewinnen.

Wachsamkeit bedeutet aber nicht, daß wir Angst haben müssen; denn es steht schon fest, wer »gewinnt«. Jesus hat am Kreuz von Golgatha den Teufel ein für allemal und endgültig besiegt. Dieser Sieg darf zunehmend auch über unserem Leben stehen, unsere Gedanken und unser Verhalten bestimmen.

»Aufstiegs-Möglichkeiten«

Wir hatten gemeinsam an unserem Missionszelt etwas in Ordnung gebracht. Anschließend standen wir zusammen, die Zeltmannschaft, einige junge Christen und ich, und führten ein längeres Gespräch über die Arbeit in unserem Missionswerk »Neues Leben«.

Plötzlich fragte einer: »Was gibt es denn bei Ihnen für Aufstiegsmöglichkeiten?« (Ich weiß es nicht; aber möglicherweise hatte er die Absicht, Ober-Evangelist zu werden.)

Ich gab ihm zur Antwort: »Aufstiegsmöglichkeit gibt es bei uns nur eine einzige: nämlich dann, wenn die Glaubenden dem wiederkommenden Jesus Christus entgegengerückt werden« (1. Thessalonicherbrief Kap. 4, 16–18).

Auch für Christen ist ein gesicherter Arbeitsplatz eine wichtige Sache. Wenn sie in Wirtschaft, Gesellschaft und Politik einflußreiche Stellungen einnehmen, so kann sich das sowohl für die Gesellschaft wie für die Ausbreitung des Evangeliums positiv auswirken; sie erreichen Menschen, dringen in Räume vor, die den meisten von uns verschlossen bleiben.

Auf der anderen Seite stehen auch wir Christen manchmal in der Gefahr, daß wir lediglich einen angenehmen Job suchen, eine gesicherte Lebensstellung, in der wir Anerkennung finden und wo die Kasse stimmt.

Natürlich spielt das alles im Leben eines Christen eine wichtige Rolle, aber es ist nicht sein eigentlicher Auftrag. Es geht darum, daß wir diesen über dem gesunden Bestreben, vorwärts zu kommen, nicht vergessen. Unser eigentlicher Auftrag ist ein Auftrag zum Dienst. Und die Frage lautet:

Sind wir bereit, Gott da zu dienen, wo er uns unseren Platz zugewiesen hat? Dazu gehört, daß wir den Willen Gottes für unser Leben erfragen und bereit sind, den Weg, den er uns zeigt, dann auch zu gehen. Nur so werden wir letztlich gesegnet werden und ein Segen sein. Auch wenn unser »ja« zu Gottes Plan für unser Leben vielleicht mit Demütigungen und Entbehrungen verbunden ist und zunehmend die Bereitschaft von uns fordert, zuzustimmen, daß unser eigenes Ich »im Glauben« mit Christus gekreuzigt ist.

Jesus hat uns am Vorbild seines eigenen Lebens gezeigt, was er unter »christlicher Sendung« versteht. Er hat sich in unsere Welt hinein erniedrigt, um uns zu dienen. Man hielt ihn für den »Allerverachtetsten und Unwertesten« (Jesaja Kap. 53, 3). Er nahm die Gestalt eines Knechts an und war Gott in letzter Konsequenz gehorsam: bis zum Tod am Kreuz.

Christen, die bereit sind, ihrem Herrn nachzufolgen, sind wie er berufen, ihr Kreuz zu tragen. Sie folgen Jesus über die Höhen und durch die Tiefen des Lebens. Weil sie dabei in seiner Nähe sind, zeichnet sie eine heitere Gelassenheit aus; sie wissen, daß sie im Blick auf die Zukunft, im Blick auf Anfechtungen und Sorgen nicht allein sind. Sie erfahren in der Gemeinschaft mit Jesus Frieden und Geborgenheit. Und ihr höchstes Ziel besteht darin, Jesus überall und zu jeder Zeit groß zu machen.

Auch sie leben in dieser Welt, sind in ihren Nöten engagiert und freuen sich mit den Fröhlichen. In dem allen aber bleiben sie ihrem Dienstherrn verpflichtet, und sie warten darauf, daß er wiederkommt und sie nach Hause holt. Denn das hat er zugesagt: »Ich will wiederkommen und euch zu mir nehmen« (Johannes-Evang. Kap. 14, 3).

Dann werden wir immer mit Jesus zusammensein, ohne daß wir selbst oder andere diese Gemeinschaft stören können. Gibt es für Christen ein schöneres Ziel?

Auch der schönste Grabstein ist kein Schlußstein

Ab und zu muß der Mensch zum Arzt, auch wenn er eigentlich keine Zeit hat und anderes viel lieber täte. Auch bei mir war eine Routineuntersuchung fällig. Sie ließ sich nicht länger aufschieben. Als ich das Wartezimmer betrat, war es vollgestopft mit Menschen. Sie saßen geduldig auf ihren Stühlen und warteten, bis sie endlich an der Reihe waren. Einige blätterten in Illustrierten, andere unterhielten sich mit ihren Nachbarn; ihre Krankheiten und sonstigen Nöte gaben genügend Gesprächsstoff ab.

Neben mir saß ein Rentner, und auch er erwies sich als der mitteilsamen Sorte zugehörig. »Heute vormittag bin ich mit meiner Frau beim Steinmetz gewesen«, begann er schon bald zu erzählen. »Wir haben einen schönen Grabstein bestellt.«

Ich erkundigte mich teilnahmsvoll, ob denn jemand in seiner Verwandtschaft gestorben sei. Aber da wehrte er energisch ab: »Nein, nein! Dieser Grabstein ist für meine Frau und mich bestimmt. Wir haben keine Kinder, wissen Sie. Und ob die Erben einem heute noch einen Grabstein spendieren, das ist zumindest zweifelhaft. Und wenn sie es tun, kann man noch längst nicht sicher sein, daß er einem auch gefallen würde. Deshalb haben wir uns heute unseren Grabstein selber ausgesucht, einen ganz besonders schönen. Jetzt können wir beruhigt sterben.«

Sicher, ein schöner Grabstein sei schon etwas wert, meinte ich. Aber dann wagte ich doch zu fragen, ob der Grabstein in einer solchen Situation denn wohl das Wichtigste sei? Ob es da nicht ein paar Fragen gebe, auf deren Beantwortung es viel entscheidender ankomme: Denn wenn mit dem Tod nicht alles aus sei, dann müsse man doch vor allem wissen, was danach komme. »Dann hängt doch alles davon ab«, fuhr ich fort, »wie ich bei der großen Gerichtsverhandlung Gottes abschneide; denn da entscheidet sich, wo ich die Ewigkeit zubringen werde.«

Plötzlich richteten sich alle Augen und Ohren im Wartezimmer auf uns beide. Ich hatte ziemlich laut gesprochen, und unser Thema schien allgemein zu interessieren. Auch andere schalteten sich jetzt in unser Gespräch ein.

Jemand fragte, ob man das denn überhaupt wissen könne; es sei doch noch keiner zurückgekommen und deshalb sei noch gar nicht ausgemacht, ob und wie es nach dem Tode weiterginge.

Das gab mir Gelegenheit, meinen aufmerksamen Zuhörern zu erklären, was die Bibel über das Leben nach dem Tod sagt. In Verbindung damit erzählte ich, daß ich an Jesus Christus glaube und wie sich für mich dadurch die Frage des Lebens nach dem Tod beantwortet.

Es entwickelte sich eine richtige, kleine Evangelisationsstunde im Wartezimmer. Dabei hatte ich Hörer vor mir, die sonst wohl kaum in die Kirche gehen. Als dann mein Name aufgerufen wurde, meinte die Sprechstundenhilfe: »Schade, daß Sie schon dran sind, Herr Buchwald, nicht?« Und ich, dem es vor dem Wartezimmer gegraut hatte, mußte ihr Recht geben.

In unserer Zeit gibt es eine neue Wissenschaft: die Futurologie. Sie beschäftigt sich mit der Erforschung zukünftiger Entwicklungen. Aber sie hat wenig daran geändert, daß die Menschen im allgemeinen, vor allem im Blick auf ihr eigenes Leben, recht »kurzsichtig« sind. Ihre Gedanken sind in erster Linie darauf gerichtet, ihr Leben heute schön und angenehm zu gestalten. Für die Jahre nach der Pensionierung haben sie durch eine gute Rente vorgesorgt, die Verteilung der Erbschaft ist geregelt, für eine standesgemäße Beerdigung Vorkehrung getroffen.

Man sorgt vor, aber nicht weit genug. Das Quartier für die nächsten Sommerferien ist für die meisten viel wichtiger als die Frage, was einmal nach der »großen Reise« auf sie zukommen wird – wo sie die Ewigkeit zubringen werden. Dabei ist das eigentlich das Wichtigste. Denn die letzte Reise werden wir ohne Koffer antreten. Wir werden nichts mitnehmen und so, wie wir sind, vor Gott hintreten müssen.

Für Menschen, die ihr Leben Jesus Christus anvertraut haben, ist der Tod die Tür nach Hause: er bedeutet den Eintritt in die ewige, helle Welt Gottes.

Und genau an diesem Punkt müßte die eigentliche »Zukunftsplanung«, die Sorge all der Menschen einsetzen, die ihr Verhältnis zu Jesus noch nicht in Ordnung gebracht haben. Gott möchte, daß die ewige Zukunft für sie alle hell ist. Er hat das Problem der Sünde für uns alle gelöst. Aber diese Lösung bedarf der Zustimmung und Unterschrift des Menschen. Gott hat alles zum Freispruch vorbereitet. Wer ihn nicht annimmt, dem kann Gott die Konsequenz nicht ersparen. Jesus sagt: »Wer an den Sohn Gottes glaubt, der hat das ewige Leben. Wer dem Sohn nicht glaubt, der wird das Leben nicht sehen, sondern der Zorn Gottes bleibt über ihm« (Johannes 3, 36).

Wir zerbrechen uns den Kopf über die Energieversorgung im Jahr 2000 und über die Verschmutzung der Umwelt, die das Leben unserer Kinder gefährden könnte. Beides gehört zu unserer Verantwortung. Aber die Frage, wo wir selbst dann sein werden, etwa nicht?

Die Bibel spricht eindeutig von einem Weiterleben nach dem Tod. Und sie zeigt auf, daß es eine Hoffnung gibt, die über das Grab hinausreicht. Schon der Prophet Daniel sagt voraus: »Und viele, die unter der Erde schlafen liegen werden aufwachen: etliche zum ewigen Leben und etliche zu ewiger Schmach und Schande« (Daniel 12, 2). Auch Jesus hat wiederholt davon gesprochen, daß es ein

Weiterleben nach dem Tod gibt: »Wahrlich, wahrlich, ich sage euch: Es kommt die Stunde, und ist schon jetzt, daß die Toten werden die Stimme Gottes hören; und die sie hören, die werden leben . . . denn es kommt die Stunde, in welcher alle, die in den Gräbern sind, werden seine Stimme hören und werden hervorgehen, die da Gutes getan haben zur Auferstehung des Lebens, die aber Übles getan haben, zur Auferstehung des Gerichtes« (Johannesevangelium Kap. 5, 24–29).

An anderer Stelle erzählt Jesus (Lukasevangelium Kap. 16) die Geschichte vom reichen Mann und vom armen Lazarus. Beide starben, lebten aber in der jenseitigen Welt weiter. Lazarus, der Glaubende, wurde in die Herrlichkeit Gottes aufgenommen; der Reiche dagegen fand sich in der Verdammnis wieder.

Der Arzt Lukas berichtet in seinem Evangelium von der Verklärung Jesu (Kap. 9). Jesus bestieg mit drei seiner Jünger einen Berg: dort traten Mose und der Prophet Elia zu ihnen. Beide hatten Jahrhunderte vorher gelebt, aber ihre Existenz war nicht ausgelöscht. Sie lebten in der unsichtbaren Welt Gottes weiter. Und nun wurden die drei Jünger Zeugen eines Gesprächs, das an der Grenze der sichtbaren Welt stattfand.

Als Jesus am Stadtrand von Jerusalem am Kreuz hing, versprach er einem Mörder, der mit ihm gekreuzigt wurde und sich ihm als dem Messias anvertraute: »Heute noch wirst du mit mir im Paradies sein«.

Auch die Apostel sprachen wiederholt von einem Weiterleben nach dem Tod. Paulus widmet diesem Thema ein ganzes Kapitel seines 1. Briefes an die Gemeinde in Korinth (Kap. 15). Er führt darin zahlreiche Belege für die Auferstehung Jesu an und weist dann darauf hin, daß die unerhörte Tat der Auferstehung Jesu nur ein Anfang war: weil er auferstanden ist, werden zu seiner Zeit nach ihm auch alle Menschen auferstehen, Christen wie Nichtchristen.

Für alle Menschen, die die Vergebung, die Gott in Jesus Christus für sie bereitgestellt hat, im Glauben annehmen, wird dies eine Auferstehung zum Leben sein. Das Gericht über ihre Sünde und Schuld hat Jesus bereits am Kreuz auf sich genommen und vollzogen.

Alle anderen Menschen werden sich nun dem Gericht Gottes stellen müssen. Niemand kann darüber eindrücklicher berichten, als es der Seher Johannes im Buch der Offenbarung getan hat: »Und ich sah einen großen weißen Thron, und den, der darauf saß; und vor seinem Angesicht floh die Erde und der Himmel, und ihnen ward keine Stätte gefunden. Und ich sah die Toten, beide, groß und klein, stehen vor dem Thron, und Bücher wurden aufgetan. Und ein anderes ward aufgetan, welches ist das Buch des Lebens. Und die Toten wurden gerichtet nach dem, was geschrieben steht in den Büchern, nach ihren Werken. Und das Meer gab die Toten, die darin waren, und der Tod und sein Reich gaben die Toten, die darin waren; und sie wurden gerichtet, ein jeglicher nach seinen Werken. Und der Tod und sein Reich wurden geworfen in den feurigen Pfuhl. Das ist der zweite Tod: der feurige Pfuhl. Und so jemand nicht gefunden ward geschrieben in dem Buch des Lebens, der ward geworfen in den feurigen Pfuhl« (Offenbarung Kap. 20, 11–15).

Noch einmal von vorn anfangen?

Als ich einmal in einer Strafvollzugsanstalt sprach, kam am Ende des Gottesdienstes einer der jungen Männer auf mich zu und sagte:

»Ich kenne Sie, ich habe Sie mehrmals in einer Zeltmission in meinem Heimatort sprechen hören. Damals hat Gott zu mir geredet, aber ich schlug das Angebot der Vergebung aus. Hätte ich mich damals für Jesus entschieden, wäre ich heute nicht hier. Ich habe einige ›Dinger‹ gedreht, die Jesus nicht zugelassen hätte, wenn er damals schon mein Herr gewesen wäre. Inzwischen aber habe ich ihm mein Leben anvertraut, und ich weiß, daß er mir vergeben hat. Ich habe ganz von vorn angefangen, und ich vertraue darauf, daß Jesus mir die Kraft geben wird, daß ich von nun an bei ihm bleibe.«

Anschließend kam ich auch mit einigen anderen Inhaftierten ins Gespräch. Manche waren nur von dem einen Gedanken erfüllt, so schnell wie möglich entlassen zu werden; sie wollten etwas erleben, das Leben genießen. Von Schulderkenntnis oder Reue war nichts bei ihnen zu merken.

Aber so ist das oft. Mancher Mensch hat gute Augen, und ist im Blick auf sich selbst doch völlig blind. Er erkennt sich nicht, erliegt der Selbsttäuschung und Illusion. Er möchte seine Lebensumstände verändern, er fordert bessere Verhältnisse, aber er begreift nicht, daß die dazu nötige Veränderung zuerst bei ihm selbst beginnen muß. Es ist Gott, der uns durch Jesus den Spiegel vorhält, der uns von Illusionen über uns selbst befreit. Die Veränderung unseres Lebens beginnt mit dem Satz: »Herr, gehe von mir hinaus; denn ich bin ein sündiger Mensch.«

Wer dieses Bekenntnis wagt, erfährt, daß Gott sein Leben umkrempelt. Ein Mann in der DDR, der diese Erfahrung gemacht hat, erzählte mir davon in einem ausführlichen Brief. Irgend jemand hatte ihm eins meiner Traktate zugesteckt. Er las es und wurde von Gott angesprochen. Er erkannte seine Sünde und Schuld, beugte sich vor Gott und vertraute sein Leben Jesus an.

»Welche Veränderung hat Jesus an mir bewirkt!« schrieb er. »Im Grunde war ich ein hoffnungsloser Fall; beinahe wäre ich einmal mit der Axt auf meine Frau losgegangen. Heute bin ich ein fröhliches Kind Gottes. Jesus hat mich total verändert, ihm gehört nun mein ganzes Leben.«

Viele Menschen sind mit dem Leben, das sie führen, nicht zufrieden.

»Ich habe alles erreicht, was man als Frau erreichen kann«, klagte eine bekannte Filmschauspielerin in einem Interview: »Ich habe einen intellektuellen Mann und einen klugen Sohn. Ich habe ein Vermögen verdient und ein Vermögen ausgegeben. Ich weiß, daß ich über eine starke Ausstrahlungskraft verfüge. Ich müßte rundherum glücklich sein – aber ich bin es nicht.«

Diese letzte innere Unzufriedenheit des Menschen hat viele Formen. Sie drückt sich immer wieder in Sätzen aus wie: »Wir wissen nicht, wozu wir leben.« – »Es ist alles so sinnlos.« – »Unser Leben ist verpfuscht!«

Und so sprechen nicht etwa nur Strafgefangene, Straßenmädchen oder Betrüger. Auch ehrbare Bürger, junge Menschen, erfolgreiche Persönlichkeiten müssen oft von sich sagen: »Irgend etwas stimmt in meinem Leben nicht.«

Wir alle gehören als moderne Menschen zur Wohlstandsgesellschaft eines Landes, in dem man in Ruhe seiner Arbeit nachgehen kann. Aber macht das allein schon glücklich?

Vielleicht weist unser Bankkonto eine stolze Summe auf, aber ist das alles? Es gibt viele Dinge, die man nicht mit Geld kaufen kann. Wir schmieden Pläne für die Zukunft, aber werden wir eigentlich mit unserer Gegenwart fertig? Wir treten engagiert für den Weltfrieden ein, aber es gelingt uns nicht, mit den eigenen Nachbarn in Frieden auszukommen. Auch in unserem Leben gibt es oft Situationen, in denen irgend etwas »nicht stimmt«.

In der Regel machen wir dafür unsere Mitmenschen, die Umwelt oder besondere Verhältnisse verantwortlich. Aber darin liegt nicht der eigentliche Grund; es sind nicht die Verhältnisse, an denen wir scheitern. Ist es in Wirklichkeit nicht so, daß bei uns selbst »etwas nicht stimmt«? Und diese Unstimmigkeiten tragen wir dann in die vielen unterschiedlichen Situationen hinein.

Es ist durchaus möglich, daß wir unter widrigen, ungünstigen Verhältnissen zu leiden haben. Aber das ändert nichts daran, daß wir selbst nicht »heil« sind. Und weil wir nicht heil sind, können wir auch nicht »heilend« in die Verhältnisse und Situationen eingreifen; wenn wir es versuchen, machen wir das Durcheinander nur noch größer.

Bei uns selbst ist etwas kaputt, defekt. Es fehlt uns etwas. Genauer: jemand fehlt uns. Ein Freund. Zur Gemeinschaft mit ihm ist unser Leben geplant und angelegt. Wir wissen es nur oft nicht oder wollen es nicht wahrhaben. Aber es wird immer wieder deutlich in der Bemerkung, daß bei uns – oder bei anderen – »etwas nicht stimmt«.

Der Freund, den wir alle brauchen, ist kein geringerer als Gott. Er will unser Freund sein. Er will unser Defizit ausgleichen, das, was immer wieder »nicht stimmt«, nennt er Sünde (= Getrenntsein von ihm).

Gott will durch Jesus Christus etwas völlig Neues in unserem Leben anfangen. Er ist es, der allein das Leben eines Menschen von Grund auf neu gestalten kann, denn er hat am Kreuz von Golgatha Ihre und meine Erlösung vollbracht.

Der Apostel Paulus schreibt von ihm im Brief an die Kolosser: »An Jesus Christus haben wir die Erlösung durch sein Blut, die Vergebung der Sünden. Er ist das Ebenbild des unsichtbaren Gottes, der Erstgeborene der ganzen Schöpfung. Denn durch ihn ist alles geschaffen, was auf Erden ist, das Sichtbare und das Unsichtbare, mögen es Throne oder Herrschaften, Mächte oder Gewalten sein: alles ist durch ihn und für ihn geschaffen worden. Er steht über allem, und das ganze Weltall hat in ihm seinen Bestand« (Kap. 1, 13–16).

Das sind gewaltige Aussagen. Jesus Christus, der das Universum geschaffen hat, kennt und sieht jeden Menschen. Er weiß, wer wir sind und wo wir wohnen. Er weiß, wie es um uns bestellt ist, und er weiß, wie es in uns aussieht. Er kennt auch unsere Sünde und Schuld. Und er ist bereit, unser Leben neu zu gestalten. Wir müssen es ihm nur zur Verfügung stellen.

Jesus Christus ist bereit, alle Schuld zu vergeben und von der Macht der Sünde zu befreien. Er gibt Frieden. Durch ihn kommt wirkliche Freude in unser Leben. Er löst Probleme, die Menschen nicht zu lösen vermögen. Er verleiht dem Leben einen Sinn und gibt Hoffnung über den Tod hinaus.

In Anfechtungen, Kämpfen und Nöten erweist sich Jesus Christus als unser wahrer Freund. Er weiß, wie wir es meinen, auch wenn die anderen uns nicht verstehen. In seiner Gemeinschaft dürfen wir uns geborgen wissen. Durch das Wort der Bibel will er zu uns reden. Und wir dürfen ihm alles sagen, was uns bewegt. Das bedeutet beten.

Lassen Sie Jesus Christus in Ihr Leben hinein. Und wenn Sie es getan haben, dann sagen Sie es anderen weiter.